投资物语

耐住寂寞 守住繁华

Touzi Wuyu
Naizhu Jimo Shouzhu Fanhua

/ 张晓伟 __著

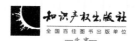

知识产权出版社
全国百佳图书出版单位
—北京—

图书在版编目（CIP）数据

投资物语：耐住寂寞 守住繁华/张晓伟著.—北京：知识产权出版社，2021.1

ISBN 978-7-5130-7292-2

Ⅰ.①投… Ⅱ.①张… Ⅲ.①股票投资—基本知识 Ⅳ.① F830.91

中国版本图书馆 CIP 数据核字 (2020) 第 214619 号

责任编辑：刘 睿 邓 莹　　　　责任校对：王 岩

封面设计：博华创意·张冀　　　　责任印制：刘译文

投资物语：耐住寂寞　守住繁华

张晓伟　著

出版发行：知识产权出版社 有限责任公司		网　　　址：http：//www.ipph.cn	
社　　　址：北京市海淀区气象路 50 号院		邮　　　编：100081	
责编电话：010-82000860 转 8346		责 编 邮 箱：dengying@cnipr.com	
发行电话：010-82000860 转 8101/8102		发 行 传 真：010-82000893/82005070/82000270	
印　　　刷：三河市国英印务有限公司		经　　　销：各大网上书店、新华书店及相关专业书店	
开　　　本：720mm×1000mm　1/16		印　　　张：11.25	
版　　　次：2021 年 1 月第 1 版		印　　　次：2021 年 1 月第 1 次印刷	
字　　　数：72 千字		定　　　价：98.00 元	

ISBN 978-7-5130-7292-2

序　一

从媒体人到金融人

晓伟兄弟嘱我为他即将出版的专著《投资物语：耐住寂寞　守住繁华》写序。实话实说，愧不敢当！一则本人才疏学浅，从未为任何出版物写过序跋之类的文字。二则对于金融行业完全是门外汉，深恐词不达意，有负作者重托。盛情难却，勉为其难，权且从一个新闻工作者的视角，讲讲我所认识的晓伟，读者朋友可由此管窥他的为人处世及事业成功之道。

我与晓伟相识近廿载。说起来我俩渊源颇深，我们本科均就读于华中理工大学（现华中科技大学）社会学系。晓伟比我晚几届，他上大学时，我已经去南开大学读研究生。我读大一时，在系里老师们大力支持下创办了一本内部学术刊物《社会学导报》并任主编。我们能够相识相知，砥砺前行，很大程度上正是因为这本内部刊物。薪火相传，到晓伟上大学时，他成了《社会学导报》副主编。

后来，晓伟大学毕业后辗转来到北京。机缘巧合，我们有幸成为同事，曾在人民日报社所属一家医药健康类媒体并肩战斗、共同奋斗。晓伟做人诚实守信、义薄云天，做事踏实肯干、担当作为，他虽是我的下属、一个重要部门的领导，但我们相处融洽，情同手足。我们一起共事的时间不到三年，如白云过隙，后来彼此走上新的工作岗位，但我们因脾气性格相投互补，一直保持着密切联系，像兄弟一样交往至今。可以说，我一路看着晓伟栉风沐雨，奋斗拼搏，与时俱进，成长进步。后来，他从《中国金融家》杂志社的重要工作岗位上，以巨大的勇气投笔从"融"，从证券行业最底层做起，摸爬滚打，实干苦干加巧干，实现了从一名新闻行业深耕十余载的媒体人，到一个富有专业修养和卓有成就金融人的华丽转身、成功转型。

梅花香自苦寒来，做事先做人。我知道，晓伟是经过十年如一日的刻苦学习和努力钻研，又十年如一日坚持每周末为普通投资者义务举办公益性质"周末大讲堂"，终于在高手如林的券商方阵有了自己的一席之地，投资者教育也干得风生水起，拥有了一大批忠实的粉丝。我从本书中看到晓伟对人生、对投资、对股市和对中国资本市场的执着与坚持，更看到晓伟对普通投资者的真诚与付出。

A股市场牛长熊短，长期来说"一赚二平七个亏"是规律，普通投资者能够长期战胜市场并不容易。尽管股市投资方面的书籍多如牛毛，坦率地说，大多数炒股书籍并不适合普通投资者。这些书籍要么晦涩难懂，要么知易行难，普通投资者读完也不知所云，更别说在股市实践中形成自己的投资风格和操作方法。

尽管巴菲特、索罗斯、罗杰斯、彼得·林奇、杰西·利弗摩尔和斯坦利·克罗等这些"极具天赋"的华尔街天才们的投资理论已为广大投资者所熟悉，但如何将价值投资理论与 A 股的投资实践结合起来，使普通投资者相信 A 股也是适合价值投资的地方，最终让普通投资者能够充分享受到财产性收入，有待众多新闻媒体和包括本书作者在内的券商同仁继续努力，从而让价值投资、长线投资、理性投资深入人心。透过晓伟的专著，我看到他内心的坚定与专注。

用通俗的语言讲清深奥的原理。本书内容朴实无华，化繁为简，通俗易懂。尤其是"三个买点"&"两个卖点"等实用有效的投资方法，为普通投资者知行合一、坚守价值投资提供了实用管用的成功路径。

（作者系人民日报高级记者，现为人民日报社

新疆分社社长）

2020 年 11 月 28 日

于北京至乌鲁木齐航班上

序 二

很高兴能够受邀为本书写些东西。认识张晓伟是 2009 年 1 月。当时我还在营业部做营销部经理，招人范围主要是 28 岁以上、从没做过证券的跨界人才，因为这部分人既不是初出茅庐、没有任何社会经验的愣头青，同时又愿意尝试新的领域，这意味着内生动力很足。面试了他半个小时后，我就直接决定录用他了，其实他当时还面试了华泰证券，结果被我先下手为强，因为在与他的交流当中，我看到了对命运的不屈。

晓伟出身农村，曾四次参加高考，最后一次名列四川某县的探花，考取了华中科技大学，毕业分配到青岛，之后却成为北漂，买了房子与车子，娶妻生子又近乎破产，最后又重新站起来，一路走来很不容易。有一段时间，我们每天都在一起聊天，既聊生活的不易，也聊如何提升服务客户的技巧以及对市场的看法。正值当时营业部决定每周定期举办"周末投资者大讲堂"，我主讲了前100期，后续因工作繁忙就由其他同事主持，晓伟每次都来听，期间交了许多和他一样投资失败、期望能得到专业人士指导的散户朋友，希望自己能够帮助他们，因此不断总结以形成他的投资体系，直到他有了证券投资顾问资格后就直接当老师了。

投资界有三位赫赫有名、令人崇仰、神一般存在的人物：巴菲特、索罗斯与罗杰斯，分别代表了价值派、投机派、趋势派三种不同的流派。但在2017年之前的中国，价值派声音很小，投机派在机构的江湖中大行其道，而趋势派则在散户中盛行，因此为了做好散户投资者的教育工作，我们重点研究了趋势派的投资风格。恰逢公司在2010年的时候组织一些同事听了台湾傅伍豪先生的一次讲座，我们对此也进行了一些有益的探讨，觉得很受启发，所以本书中的部分内容原创于傅伍豪先生。其实在中国，我觉得最有效的流派应当是价值与趋势相结合。目前市面上与投资股市有关的书籍中有相当一部分专门研究技术指标，但在我看来，大多数都是滞后的指标，所以都弃之不用，能够有效提前发出买卖点的指标并不多，均量与均价只是其中最重要的两个。另外在买卖点之外，投资者还要特别注意两个问题，一个是胜率一定比单次投资收益率重要，所以一定要学会空仓，耐得住寂寞；另一个是要相信时间的复利价值，守得住繁华。这在本书中也有相当的体现。

当然，本书面对的读者主要还是普通投资者，不是机构，着重是"人投资"而不是"机器投资"，因为绝大多数普通投资者并不具备自己编程做程序化交易的能力，还有市场上所谓的"战法"

也有很多，你全都会应用当然更好，你只会几种适用范围广的方法但应用很精深这也很好，所以本书从内容上看朴实无华，颇有些"重剑无锋、大巧不工"的味道。股市是喧嚣的，金钱在某种意义上讲也是浮躁的，能够让普通投资者在嘈杂声中冷静下来，透过现象看本质，我想这就是本书的意义所在吧。

"兵无常势，水无常形"，"运用之妙，存乎一心"，"无他，但手熟尔"。

方正证券股份有限公司经纪业务委员会、产品委员会、私募业务委员会委员，产品部 执行董事　行政负责人

2020 年 8 月 9 日

前　言

日文"物语"一词，意为故事或杂谈。投资物语，相当于投资故事或者投资杂谈。

从武汉华中科技大学社会学系本科毕业后，我来到北京做了11年的中央新闻单位的媒体记者、编辑，最高职务曾做到总编助理。2007年3月13日，在毫无股票常识的情况下，我跟着朋友们一起进入中国股市投资，在初尝胜利战果后于当年10月卖掉一套位于北京东五环外面积为102.88平方米的自住房，进入中国股市重仓抄底。

结局可想而知，匆忙入市加上重仓抄底抄在半山腰，导致我在股市中的投资一败涂地。随着美国次贷危机的爆发，中国股市经历轮番暴跌，上证指数从 6124 点最终下跌到 1664 点才总算见底。在极度恐慌和绝望中，我在整整赔掉了北京一套房产后，也几乎在上证指数接近最低点的时候斩仓出局。2008 年的这场股票投资，最终让我连本带利亏损达 80 余万元。这笔钱对于工薪阶层的我而言，无疑是一笔巨款，是我几乎全部的家当，这比我当年做记者、编辑不吃不喝 4 年的全部工资和奖金的收入还要多得多。更何况，2009 年后，中国房价开启了长达 10 年的暴涨，我 2007 年 10 月以 77 万元卖掉的这套北京住房在 2017 年年初北京房价到达顶峰时市价已经接近 600 万元。此消彼长，投资带来的巨大亏损又何止是股票账面上亏损的 80 余万元，分明是高达数百万元。

正是这次令人伤心不已、悲痛欲绝的失败投资，彻底改变了我的人生轨迹，我输掉了自己几乎全部的家当，在一夜之间成为"无产者"。悲痛伤心之余，我也无心在媒体继续工作。2008年10月，我不得不离开工作达11年之久的新闻媒体。

好在我还算是个乐观豁达且有一定自知之明的人，我相信自己能够从哪里跌倒就能够从哪里爬起来。2008年年底，我在休整了2个月之后，通过了中国证券业协会组织的证券从业资格考试，并于2009年2月正式进入券商工作。进入券商工作之后，我才明白自己当初盲目进入股市是多么的无知，纯粹是菜鸟和小白，在股市完完全全就属于"裸奔"和"无证驾驶"。我没有一丁点儿的股票投资基础知识就盲目重金入市，甚至是卖房加大杠杆炒股，把身家性命完全押在股市投机的赌注上，失败的结局其实从一开始就已经注定，怨不得任何人。我这样的菜鸟、小白，不做韭菜谁做韭菜？

众所周知，券商从业人员是不能炒股的，一开始我觉得这个规定难以理解：学了股票基础知识、有了从业资格证的人不让炒股，反而那些不懂股票知识，无从业资格证的人可以炒股，这分明就是典型的鼓励"无证驾驶"嘛！这样的小白股民跟之前的我没啥两样，进入股市后不亏才怪呢？

事实上，在券商营业部待久了，我发现这样的"韭菜"的确比比皆是，这样的小白股民即使靠运气在股市中赚了点钱，最终也会凭实力在股市中亏回去。这样的例子数不胜数。中国股市历来就有专治各种不服输的传统，30年来中国股市投资者"一赚二平七个亏"是个铁一样的规律（以下简称"铁律"），因此我们券商从业人员常常自嘲："证监会不允许从业人员炒股，客观上起到了对从业人员最好的保护。"

事实上也的确如此，在放弃股市投资的同时，过去10年我把主要的投资都放在青岛、成都、天津和重庆的房产上，反而取得了无心插柳的意外收获。而相反我身边的股民朋友则在2009年只经历了短暂的小牛市之后，连续经历了4年多的A股"熊冠全球"，刚要解套又被深套了。

此外，我也得益于进入券商之后不能再炒股了，就把全身心的精力都投入学习股票投资技巧和从事公益免费的投资者教育这两件事情上来，从而形成了较为成熟的投资理念。这也是当年我投资股票失败之后，想进入券商工作的唯一原因，我希望自己在券商近水楼台，能够有更多的机会学到真正有用的股票投资实用技巧，这样就可以帮到自己和身边的股民朋友。

我所在券商营业部的负责人都非常重视投资者教育，"皮之不存毛将焉附？"券商对这个道理还是懂得的。从 2010 年 4 月起，我就参与了营业部免费带有公益性质的"周末投资者大讲堂"的筹建。此后 10 余年，除节假日外，"周末投资者大讲堂"面向普通投资者开放，风雨无阻，从未间断过。近 10 年来，我参与主讲的投资者大讲堂就不下 200 场，每一场一般都要讲授 2 ～ 3 个小时。

为了讲好"周末投资者大讲堂"的课程，给现场参与的投资者朋友们带来切切实实的帮助，我阅读了大量的关于股票投资方面的书籍和人物传记。从《伟大的博弈》到《操盘圣经》，从《金融炼金术》到《战胜华尔街》，从《股票大作手操盘术》到《股市趋势技术分析》，从沃伦·巴菲特到索罗斯，从罗杰斯到彼得·林奇，从杰西·利佛莫尔到斯坦利·克罗，林林总总讲股票投资技巧的书籍和关于投资天才的人物传记我前前后后看了数十种，然后把学到的股票知识再转授给周末大讲堂的普通投资者。

然而，10 年来的投资者教育实践经验告诉我，投资者对这些股票技巧学起来不仅非常费力，而且即使学会了也很难运用到实战中，很难找到买入股票的机会点（买点）和卖出股票的风险点（卖点）。投资者总是在追涨杀跌的被套和解套之中徘徊，10 年来总也摆脱不了"一赚二平七个亏"的韭菜命。

因此，我非常想结合这 10 余年来在投资者教育方面的心得体会，编著一本简单明了、一看就懂、一学就会，最最关键的是可操作、能复制、拿来即可照搬照用的关于炒股技巧方面的书籍，希望有机会能够帮助到我的学员和广大的散户投资者。于是，便有了今天这本《投资物语：耐住

寂寞 守住繁华》。

投资物语相当于投资杂谈，在挖掘投资大师们投资技巧和风险控制的基础上，总结了自己10多年来对投资的感悟和心得体会。本书最大的特点就是没有晦涩难懂的证券理论知识和数学计算公式，投资者看完本书就能够轻松学会并准确把握好股票的"三个买点"和"两个卖点"，很容易就破解股市"低买高卖"的难题，而且投资者一看就懂，一学就会，完全可以复制，因此非常适合普通的散户投资者。

其实在股市投资也好，投机也罢，目的都是想盈利，盈利的前提是要"低买高卖"才有可能。那么请问投资者什么是低？什么是高呢？是4倍市盈率的民生银行低？还是8倍市盈率的平安保险低？还是35倍市盈率的贵州茅台低？还是80倍市盈率的恒瑞医药低？我想每个人心中都有自己的一个答案，这个认知就是普通投资者能否盈利的关键所在。

编著本书的目的，就是希望普通投资者能够

吸取我的投资经验和投资教训，掌握一个基本的投资技巧，用来判定和正确认知什么才是证券市场真正的"低"和"高"。只有定义了"低"和"高"，才能落实"买"和"卖"。

大道至简，通过本书，普通投资者就可以掌握到一套简单并且绝对有效的股市投资实战技巧，从此就能够淡定从容地在股市抄底逃顶，再也不做股市"韭菜"被人收割。要做就做股市那10%的赢家和"韭菜收割机"，而事实上，本书揭示的正是"韭菜"晋升为"收割机"的秘密。

要想在股市赚钱，没有方法不行，但是方法多了也不行，简单和专注是成功的秘诀。方法好不好，赚钱是唯一评判的标准。如果你用自己的方法能够在股市中赚到钱，那么我恭喜你，本书并不一定适合你；如果你在股市赚钱不多，甚至还赔钱，我想你需要静下心来好好地学习一下本书的核心投资技巧："3个买点＆2个卖点"。

楼市投资的好时代已经渐行渐远，个人非常看好未来20年中国的资本市场，随着金融改革的

持续深入，A 股的散户投资者也必将迎来投资的

春天。

2020 年 6 月 24 日

于北京

目　录

第一章

认清股市本质：谁在赚钱？

只有耐得住寂寞，才能守得住繁华。

没有不赚钱的股票，只有不赚钱的操作。

看对不赚钱，做对才盈利。

　　投资路上，每走一步都是极为艰难的，只有耐得住寂寞，才能守得住繁华。王国维先生在《人间词话》中形容古今之成大事业、大学问者必经过三种境界："昨夜西风凋碧树，独上高楼，望尽天涯路；衣带渐宽终不悔，为伊消得人憔悴；

众里寻他千百度，蓦然回首，那人却在，灯火阑珊处。"

这三种境界用在成功的投资者身上，也是如此。很多时候投资更像是一场修行、一种坚守，在投资者没有到达终点（财务自由）之前，投资者将忍受种种孤寂和艰难，而这段时光，恰恰是沉淀自我、修炼自我最为关键的阶段。犹如黎明前的黑暗，是最最难熬的时候，捱过去，天也就亮了。所以说，耐得住寂寞才是成功投资者自我修行、自我丰富、自我成熟的重要标志，也是一个人能够做出一番成就的重要条件，更是一个人能够实现财务自由，收获幸福，守住幸福的重要因素。

怎样的自由才是真正的财务自由？我想：能够告别千篇一律的工作，能够挣脱生活的重压，无论是阳光的海岸，抑或宁静的森林，都不会为金钱所束缚，能够成为自己心灵的主宰；当工作不是你养家糊口的唯一手段时，你便获得快乐的基础；当投资可以为你的梦想提供源源不断的现金流时，你便达到财务的自由。财务自由是我们散户投资者投资理财想要达成的终极目标。一般而言，投资者的被动性收入也就是投资理财收入大于你的全部支出，你的财务自由其实就已经得以成功实现了。

第一节　股市的本质

投资理财的渠道有很多，比如股市、债市、汇市、期市、楼市，等等，在此我只想讲讲我熟悉的股票市场的投资。对于股票市场而言，我想投资者首先必须搞清楚的就是股市的本质。如果对股市的本质没有正确的认知，将会导致我们在股市的操作中出现随意性并对投资结果产生重大影响。

要想搞清楚股市的本质，我想投资者必须先

回答自己三个灵魂问题：什么是股票？什么是股市？你进股市的初衷是什么？不忘初衷，方得始终。

答案好像都很简单：股票是一种有价证券，是由股份公司发行的所有权凭证；所谓股市就是一个已经发行了的股票可以实现转让、买卖和流通交易的场所；投资者进股市的初衷无非就是为了赚钱，获取投资收益，往大了说就是想早日实现财务自由，早日达成自己梦寐以求的理想。

不错，所有投资者进股市的初衷都是为了赚钱而不是赔钱。我想如果进股市投资是为了赔钱的话，恐怕没有人会愿意进股市。然而，良好的愿望代替不了无情的现实，"一赚二平七个亏"是股市铁律。虽然"一赚二平七个亏"只是一个大致数据，并不是一定要有一个人赚，两个人持平，七个人亏损，但这是一个大的概率。也就是说大部分人在股市是赚不到钱甚至是会亏钱的。就像当年的我那样，不仅没赚钱反而赔了个底儿掉，彻底改变了自己的人生轨迹。

　　既然来股市是为了赚钱，那么我们先来看一看投资者在股市到底赚的是谁的钱？理论上应该赚的是上市公司成长带来的分红，但是大多数时候，上市公司的分红远远不及上市公司的融资金额，分红少不说，还要被印花税、交易所的规费和券商的佣金吞掉不少，因此基本上分红可以忽略不计。另外，中国股市历来牛短熊长，熊市张开血盆大口鲸吞着投资者财富的同时，上市公司还在不停地从市场再融资抽血。因此，从某种意义上说，股市从来就不产生财富，它只是财富重新分配的场所，是投资者与投资者之间进行博弈的场所，这才是股市的真正本质。

　　既然股市从来就不产生财富，它只是财富重新分配的场所，那么股市最终是不可能让每一个人都赚到钱的，因为在一个博弈的市场永远只能是少数人赚取多数人的钱。你赚的钱理论上就是别人亏损的钱，反之也一样。那么，请问你凭什么能赚到别人的钱？你比别人更勤奋、更聪明还是更睿智？如果都不是，你真得想想凭什么你就能从股市中把别人的钱变成自己的钱？

一个博弈的市场，不确定性是它的本质。华尔街有句名言，如果一个人能提前一天知道未来三天的走势，那他绝对可以富可敌国。因此，股市的魅力也在于没有人能够预测，股市的本质就在于它的不可预测性，它仅仅是一个财富重新分配的场所，一个供投资者与投资者博弈的场所。

投资物语

对于价值投资者最美好的时光是熊市，而不是牛市。牛市都是拿来害人的，熊市是未来回报投资者的。牛市难做的原因很简单，公司是好的，但价格不便宜。我做投资这么多年，唯一的两次彻夜难眠都是在牛市的时候。

——睿远基金　陈光明

第二节 赚钱而不是赔钱

在"股神"巴菲特的投资名言中，最著名的无疑是这一条："成功的秘诀有三条：第一，尽量避免风险，保住本金；第二，尽量避免风险，保住本金；第三，坚决牢记第一、第二条。"因为如果投资1美元，赔了50美分，手上只剩一半的钱，除非有百分之百的收益，否则很难回到起点。

股市是一个充满机会也充满陷阱的地方，要想在股市赚钱绝非易事。我们首先来看一看，股市里究竟都有谁在赚钱？

答案很简单：

第一是国家每年通过收取股票印花税从股市拿走数百亿至数千亿元不等。

第二是交易所在投资者的交易佣金里面收取一定数量的规费，由券商代收。

第三是券商收取交易佣金。

第四是上市公司原始股东。

第五是长线价值投资者。

第六是牛市逃顶能够做到全身而退者。

第七是程序化交易的机构投资者（突破人手下单的情绪影响和速度，但如果交易模型不科学也赚不到钱）。

由此可见，股市里面真正赚钱的散户投资者是少之又少。散户投资者很少是长线价值投资者，能够做到"抄底逃顶、全身而退"对散户来说几乎就是神话，基本上难之又难。

既然70%的散户投资者在股市都不赚钱甚至还赔钱，那么对大部分投资人来说，是不是任何时候离开股市对他们而言都是最明智的选择？答案显然也是否定的，因为如果真这样想就大错特错了。

凯恩斯曾经说过，我们必须明白一个真相，

远离股市所错过的投资回报，再加上通货膨胀导致的货币贬值，所有这些由于拒绝投资股票而产生的财富损失，要比即使发生他们所经历过的最严重的股市大崩盘造成的财富损失都要大得多。在过去 100 多年历史上发生的 40 次股市暴跌中，即使其中 39 次我提前预测到，而且在暴跌前卖掉了所有的股票，我最后也会后悔万分的。因为即使是跌幅最大的那次股灾，股价最终也涨回来了，而且涨得更高。

2015 年北京师范大学钟伟教授的一篇权威学术研究报告表明，30 年前的 1 万元相当于现在的 255 万元。即使没有这么夸张，但是我们根据购买力 70 法则，目前世界平均通胀率约为 5%，也就是说每隔 14 年左右，你手上的货币就会贬值一半，如果你的收入 14 年后没有增加 1 倍以上，那么你的生活品质就会显著下降。这个很容易理解，通货膨胀在日夜不停地吞噬着我们的财富！所以有人笑谈：你可以跑不过刘翔，但你必须跑过 CPI。

离开股市不行，不离开又亏得慌，那该怎么

办？还是那句话，"不忘初衷，方得始终"。不要忘记我们进股市的初衷是赚钱而不是赔钱！

莫言说，当你的才华还撑不起你的野心的时候，你就应该静下心来学习；当你的能力还驾驭不了你的目标时，就应该沉下心来历练；梦想，不是浮躁，而是沉淀和积累。只有拼出来的美丽，没有等出来的辉煌，机会永远是留给最渴望的那个人。学会与内心深处的你对话，问问自己，想要怎样的人生，静心学习，耐心沉淀。

是啊，世上只有一种投资稳赚不赔，那就是学习。巴菲特说："最好的投资其实就是投资你自己。"逃离股市并不是散户投资者的正确选项，正确的选项应该是尽快学会如何在股市投资，实现自己进股市赚钱而不是赔钱的初衷。

要想在股市赚钱，没有方法不行，但是方法多了也不行，简单和专注是成功的秘诀。方法好不好，赚钱是唯一评判的标准。如果你用自己的炒股方法能够在股市中赚到钱，那么我恭喜你，本书并不一定适合你；如果你在股市赚钱不多，甚至还赔钱，我想你需要静下心来好好地学习一下本书的核心投资技巧："3 个买点 & 2 个卖点"。

股市不创造价值，我们财富的增值来自对方的失误。不同的股票或同一股票在不同阶段不能有相同的预期，"出现卖出信号就立即行动"。看对不赚钱，做对才盈利。没有成功卖出，所有利润都是纸上富贵。具体什么是买入信号？什么是卖出信号？在后面的章节我会一一道来。

第二章

选股：与股共舞 ——
价值投资选股法

第一节　婚姻与投资

 成功的投资其实只需要做好两点：选股和择时。首先是找到几只好股（选股），然后是耐心地等待在其价值低估时候买入（择时）。

　　成功的投资和成功的婚姻极其相似。我们先来看一看，什么是成功的婚姻。

　　成功的婚姻是什么？

　　先说一个故事，故事是一位研究婚姻问题的教授在讲一门课：婚姻经营和创意。教授走进教室，把带来的一叠图表挂在黑板上，然后，他掀开挂图，上面是用毛笔写的一行字：

　　婚姻的成功取决于两点：一、找个好人；二、自己做一个好人。

　　"就这么简单。"教授说。

　　这时台下嗡嗡作响，因为下面有许多学生是已婚人士。不一会儿，有一位30多岁的女士站了起来，问："如果这两条没有做到呢？"

　　教授翻开挂图的第二张，回答："那就变成4条了。"

　　一、容忍，帮助，帮助不好仍然容忍；

　　二、使容忍变成一种习惯；

　　三、在习惯中养成傻瓜的品性；

　　四、做傻瓜，并永远做下去。

教授还未把这 4 条念完，台下就喧哗起来，有的说不行，有的说这根本做不到。

等大家静下来，教授说："如果这 4 条做不到，你又想有一个稳固的婚姻，那你就得做到以下 16 条。"

教授翻开第三张挂图。

一、不同时发脾气；

二、除非有紧急事件，否则不要大声吼叫；

三、争执时，让对方赢；

四、当天的争执当天化解；

五、争吵后回娘家或外出的时间不要超过 8 小时；

六、批评时话要出于爱；

七、随时准备认错道歉；

八、谣言传来时，把它当成玩笑；

九、每月给他或她一晚自由的时间；

十、不要带着气上床；

十一、他或她回家时，你一定要在家；

十二、对方不让你打扰时，坚持不去打扰；

十三、电话铃响时，让对方去接；

十四、口袋里有多少钱要随时报账；

十五、坚决消灭没有钱的日子；

十六、给你父母的钱一定要比给对方父母的钱少。

教授念完，有些人笑了，有些人则叹起气来。

教授听了一会儿，说："如果大家对这 16 条感到失望的话，那你只有做好下面的 256 条了。总之，两人相处的理论是一个几何级数理论，它总是在前面那个数字的基础上进行二次方。"

接着教授翻开挂图的第四页，这一页已不再是用毛笔，而是用钢笔写了 256 条，密密麻麻。

教授说："婚姻到这一地步就已经很危险了。"这时台下响起了更强烈的喧哗声。不过在教授宣布下课时，有的人坐在那儿没有动，他们的眼角好像还有泪花。

我们再来看一看，什么是成功的投资。

现在中国的离婚率越来越高，没离婚的家庭，婚姻质量好的也是凤毛麟角，这种情况和中国股市的"721 规律"非常相似。

所谓"721 规律"就是：股市长期统计下来，基本上都是 10 个股民中，最后会有 7 个人亏损、2 个人平手、1 个人盈利。

成功的投资和成功的婚姻，背后道理，何其相似。

成功的投资同样取决于两点：

第一，找几只好股（选股）；第二，自己做一个耐心的人（择时）。

就这么简单。

或许有人会问："如果这两条没有做到呢？"

那就变成 4 条了。

一、建立适合自己的投资交易系统；

二、执行投资交易系统并养成习惯；

三、掌握股市的牛熊交替发展规律；

四、能在股市牛市逃顶和熊市抄底。

于是有人就说："对散户而言，这根本做不到。"

如果这 4 条做不到，你又想有一个稳定的投资回报，那你就得做到以下 16 条。

一、能预测经济发展趋势；

二、能预测货币政策趋势；

三、能预测行业发展趋势；

四、能看懂公司经营管理；

五、能看懂公司财务报表；

六、能理解公司业务产品；

七、随时准备止损和止盈；

八、永远做好仓位的管理；

九、能看压力线、支撑线；

十、能看K线图、布林线；

十一、清楚各种股票主题投资概念；

十二、掌握每只股票的资金流进流出；

十三、随时追踪各种股票大咖的观点；

十四、每天坚持浏览各种财经网站；

十五、时刻关注世界各国股市走向；

十六、随时留意证监会主席的发言。

如果大家对以上这16条还是感到失望的话，那你只有做好更多的256条，至于是哪256条，我就不一一列举了。

相信绝大多数的著名经济学家、知名证券分析师、股市大咖们和散户朋友们正在做以上16条或256条中的一些事。

所以，股神每天都有，只是一茬一茬在换，真正的股神全世界也就巴菲特、彼得·林奇、罗杰斯等为数不多的几个。

有一位忠实的信徒问巴菲特："价值投资的奥秘是什么？"巴菲特的面容如佛陀般宁静：独立思考和内心的平静。

成功的投资都极其相似，而失败的投资则各有各的原因。正如列夫·托尔斯泰所说：幸福的家庭，都是极其相似；而不幸的家庭，则各有各的不幸。

找几只自己可以理解的好股票是不难的事（选股），最难的是：修炼，做一个耐心的人（择时）。

所以，婚姻的成功只取决于两点：一、找个好人；二、自己做一个好人。就这么简单。

同样，成功的投资也取决于两点：第一，找几只好股；第二，自己做一个耐心的人。而如果你做不到以上两点，不管是投资还是婚姻，你就得做到更多的4点、16点、256点……并且最终的结果，很可能还是失败。

找一个好人不难，难的是你要有耐心慢慢找。做一次好人不难，难的是你要耐心做一辈子。找几只好股也不难，难的是你要有耐心，一只一只，慢慢研究。耐心一两次是不难，难的是你要有耐心，始终如一，直到永远。道理很简单，关键是耐心。

耐心等待市场真正完美的趋势，不要先入为主，做预测性介入。资金在等到恰当的时候进入市场才能赚到钱——耐心，耐心，再耐心，只有耐心才是成功的关键，千万不要着急。

——杰西·利弗摩尔

第二节　股坛三和尚

小故事，大智慧

时有风吹幡动，一僧曰风动，一僧曰幡动，

议论不已。惠能进曰：不是风动，不是幡动，仁者心动。

一股量价齐涨，一和尚认为根本原因是由于市场资金追捧，一和尚认为根本原因是股票本身价值体现。两和尚争论不已，便去问惠能大师，惠能大师笑曰：是因为有主力操控。

"风吹幡动"这个成语说明，不论学习还是投资，都要一心一意，才能不受外界干扰，不为外界所动。乔布斯说："简单和专注是成功的秘诀。"

无论什么行当，向成功人士学习是提升自我最快的方式。首先，我们来看看当今投资界最牛、最专注、最成功的股坛三和尚：沃伦·巴菲特、

图2-1　沃伦·巴菲特　　图2-2　乔治·索罗斯　　图2-3　吉姆·罗杰斯

乔治·索罗斯和吉姆·罗杰斯。

巴菲特大家都很熟悉，是股民心中永远的神话，神一样存在的人物，投资大师，价值投资的最典型的代表人物。

索罗斯，全球金融大鳄，投机大师，投机界最典型的代表人物，1992 年狙击英镑，一战成名，净赚 10 亿美元；1997 年 3 月狙击泰铢导致亚洲金融危机，亚洲"四小龙"财富几乎被洗劫一空，从此再无"四小龙"一说。

罗杰斯，著名的金融大师，趋势大师，趋势投资最典型的代表人物。他被西方媒体称为"华尔街神话""拥有水晶球的魔法师"，与巴菲特、索罗师并称为三大投资家。

我们再来看看三位大师的投资风格差异：

巴菲特认为：股票的价格应建立在企业业绩成长的基础之上。

策略：精选个股，持股待涨。

类型：价值投资，被动型，被动——待涨、待跌（我随股动）。

索罗斯认为：市场大起大落的根源在于羊群效应。

策略：利用羊群效应逆市主动操控市场进行市场投机。

类型：投机，主动型，主动——助涨、助跌（股随我动）。

罗杰斯认为：所有的投资法则都是理论化、理性化的。而在实际的交易中，情况往往错综复杂，千变万化。

策略：根据具体情况见机行事，顺势而为。

类型：投机，灵活型，灵活——随机应变，顺势而为（随趋势而动）。

三位大师，三种风格：

巴菲特：被动投资——持股待涨。

索罗斯：主动投机——操纵股价。

罗杰斯：被动投机——顺势而为。

那么，该向谁学习？巴菲特、索罗斯还是罗杰斯？答案当然是都要学习。

学习巴菲特——与股共舞（选股）

学习索罗斯——与庄共舞（择时）

学习罗杰斯——与趋势共舞（择时）

本章第三节和第四节主要学习巴菲特的与股共舞：巴氏独特的价值投资选股方法（主要讲选股）。本书第三章主要探讨索罗斯的与庄共舞：3个买点＆2个卖点（主要讲择时）。第四章主要探讨罗杰斯的与趋势共舞：6～18～50日均线法则（主要讲趋势投资法则，趋势投资严格意义上也是择时，选择买入或者卖空的时机）。

数友品茗，坐论天下大事。一友忽问："炒股乎？"我曰："买而不炒。"众皆笑问何解？答之曰："炒者，煎炒烹炸之属也。身陷其中，心随股动，非人炒股，实股炒人！"又问："然则如何待之？"答曰："观其局，取其势，余则置之于不顾、不问也。如是而已！"

第三节　什么是价值投资

　　亏损是交易的成本，失败并不可怕，可怕的是没有从失败中得到足够的教训！

　　巴菲特的代名词：与股共舞，价值投资，长期持有。那我们就来谈一谈什么是价值投资。

　　价值投资其实就是在一家公司股票的市场价格相对于它的内在价值大打折扣时买入其股份。打个比方，价值投资就是拿五角钱购买一元钱的东西，买到就是赚到。

　　价值投资的哲学基础：价值决定价格，价格围绕价值波动（见图 2-4）。

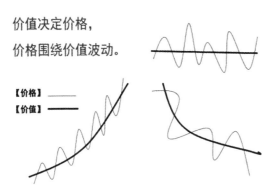

价值决定价格，
价格围绕价值波动。

【价格】————
【价值】━━━

图2-4 价值投资的哲学基础

　　价值投资是中长线持有的使用前提，中长线持有是实现价值投资的最好方式。价值投资是战略，长线持有是战术。

　　价值投资不是玩短线，也不是简单地买了一直持有。长线持有的前提更不是因为套牢了，长期拿着等解套。例如，2007 年 11 月 5 日上市之初就在 45 元附近（前复权）买了中国石油的投资者，一直持有到今天（2020 年 8 月 7 日），中国石油的股票收盘价格只有 4.26 元，这个不叫价值投资（见图 2-5）。这个完全是因为被深度套牢才被动持有，不属于价值投资的范畴，因为当初价格为 45 元的中国石油远远超出了它的内在价值。

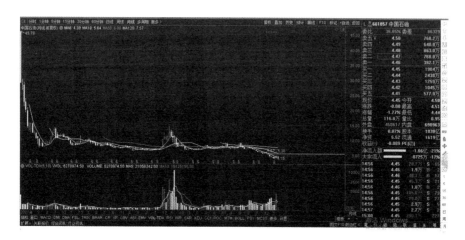

图2-5 中国石油自2007年11月5日上市以来的月K线走势图

　　长期持有长期套牢，是因为忽视了前提。前提是要有价值才能长期持有。踏空痛失大牛股，是因为用错了方式，本该长期持有的成长价值股，却被做成了超短线，结果只是赚了点蝇头小利，错失后面数十甚至数百倍的涨幅。

　　A股市场80%的股民为散户，散户追涨杀跌，贡献了80%的成交量，试想散户中有多少人真正做过价值投资？有多少人主动做到长线持有？答案是很少。因为国人对价值投资不了解，不认可，甚至存在很多误解。

　　误解原因：

1. 误解自己——无为论

有人认为，我不懂，也不愿去了解价值投资，价值投资是机构和专家的专用名词，散户也没有能力和时间去企业调研。价值投资不适合自己。

2. 误解企业——无价值论

中国的上市公司，哪有什么投资价值啊，都是来圈钱的，圈了钱就走人，企业好不了几年。

误解的结果就是，认为散户最好还是：（1）炒点题材概念，玩玩超级短线；（2）心态放好，赚点就跑；（3）不贪就行。

其实投资者完全可以换个思路，消除误解，认清投资的本质。我们来深入剖析一下散户摒弃价值投资，炒作题材概念的本质。

题材股是指因为某一事件而具有共同特征的一类股票。概念股是指具有某种特别内涵的股票。题材与概念意思相近，总称话题股，其实股市的谐音就是故事，话题股就是讲故事。

目前最流行的题材概念股有：北斗导航、地摊经济、字节跳动、口罩防护、光刻机、人工智能、无人驾驶、半导体芯片、特斯拉概念、华为概念、5G 概念、疫苗概念、石墨烯概念、工业互联、氮化镓……

那么，炒题材、炒概念，到底是在炒作什么？毫无疑问是在炒预期。预期什么？预期企业在该题材概念的影响下，将来的业绩很可能大幅度增长。相对将来而言，现在的股价被严重低估。我们可以从中找出题材概念股炒作的关键词：预期业绩决定预期股价。真相：炒了半天，还是炒价值投资。

A 股的上市公司，真的都是一无是处，都是圈完钱就不管了的吗？其实真心要为大部分上市公司喊冤。

2020 年 6 月 23 日，A 股三大指数集体收涨，沪指收 2970.2 点，涨幅 0.18%，白酒板块大涨，个股贵州茅台股价收涨 2.47%，盘中曾一度涨至 1482.00 元 / 股，再创历史新高，市值超 1.85 万亿，超越工行，成为新股王。回顾过往，贵州茅台上市至今股价已上涨 300 多倍，而 A 股中更有个股股价上涨超千倍（见图 2-6）。

A股30年涨幅TOP20

序	证券名称	上市以来上涨倍数	上市年份	行业
1	万科A	2816.8	1991	房地产
2	格力电器	2816.0	1996	家用电器
3	福耀玻璃	921.2	1993	汽车
4	泸州老窖	397.1	1994	食品饮料
5	云南白药	368.9	1993	医药生物
6	伊利股份	348.6	1996	食品饮料
7	恒瑞医药	335.7	2000	医药生物
8	长春高新	310.4	1996	医药生物
9	贵州茅台	303.9	2001	食品饮料
10	国投电力	293.2	1996	公用事业
11	国电电力	268.7	1997	公用事业
12	闻泰科技	259.1	1996	电子
13	航天电子	195.2	1995	国防军工
14	阳光城	187.4	1996	房地产
15	国农科技	182.7	1991	医药生物
16	五粮液	169.7	1998	食品饮料
17	万华化学	138.5	2001	化工
18	川投能源	131.3	1993	公用事业
19	山西汾酒	130.6	1994	食品饮料
20	华域汽车	124.7	1996	汽车

注：数据截至2020年6月23日

图2–6　A股30年涨幅前20名，图片来自东方财富网

据东方财富 Choice 数据显示，剔除“老八股”，沪深两市 3800 多只股票中，2349 只股票自上市以来股价翻倍，其中股价上涨超 10 倍的股票有 448 只，超百倍的有 25 只，超千倍的有 2 只。

万科 A、格力电器股价上涨均超 2800 倍，福耀玻璃股价上涨 921 倍。泸州老窖、云南白药、伊利股份、恒瑞医药、长春高新、贵州茅台等股价上涨均超 300 倍。

由此可见：价值投资，魅力无穷。中国的经济增长速度与美国相比要快很多，试想一想，巴菲特要是在中国，结果会如何？

那么，在中国为何不能批量产生巴菲特，批量产生亿万富翁呢？

原因只有一个，大多数的散户投资者心里面想的都是如何赚快钱，对投资缺乏耐心，总是一味地追涨杀跌。

价值投资不一定就是长线，只要达到目标，价值投资的波段也可以很短。趋势投资也不一定就是短线，只要趋势不变，趋势投资的波段也可以很长。

第四节　与股共舞：巴氏价值投资选股法

　　我的原则是不要频频换手，直到有好的投资对象才出手。如果没有好的投资对象，那么我宁可持有现金。

——巴菲特

　　如何利用价值投资抓住大牛股？选股是关键，估值是核心所在。价值投资的理念是买入被低估的成长股并长期持有，所以选股是关键。估值，则是贯穿整个投资过程中的核心所在（见图2-7）。

不但现在被低估，更重要的是相对未来几年被低估，这才是核心所在

相对未来被低估=成长

图2-7　价值投资的关键所在：选股

自上而下的选股思路：首选行业成长性。从第二次产业革命到现在，现代经济增长的主要源泉有三点：

第一，基于科学技术的广泛应用；

第二，服务业的迅速发展；

第三，现代信息通信技术对各个部门的改造。

科学技术提高资源效率，为了节约成本，节约能源，提高资源利用率，提高生产效率而催生的新工艺、新材料、新能源、新产品……

服务业降低交易成本，由于分工细化导致交易频繁而催生的服务业：商业百货、金融、软件网络、运输、旅游、信息……

现代信息通信技术改造各个部门，信息产业 = 软件 + 服务：物联网的崛起，互联网 + 崛起，信息安全崛起，万物互联崛起，工业互联崛起，人工智能崛起……

此外，还有其他成长性行业，比如：

暴利行业——地产、旅游、高速路、医药、食品饮料、酿酒等。

经营特许或技术壁垒行业——军工、通信、基础设施等。

资源垄断行业——有色、煤炭、石油天然气、公路桥梁、稀土等。

选股要自上而下进行选择，要选择上述行业中的行业龙头、品牌企业、垄断寡头、有产品定价权的企业……

选择要点：

·市场占有率——是否行业龙头；

·产品毛利率——赚钱能力；

·主营业务收入增长率——扩张潜力；

·净资产收益率——赚钱效率。

（1）毛利率。

毛利 = 营业收入 – 营业成本

毛利率 ＝ 毛利 / 营业收入

生产—流通—销售，毛利发生在生产环节，是企业利润的源泉，对企业盈利起到决定性因素。对于一家企业来说，钱是赚出来的，不是省出来的。它充分反映了上市公司的产品竞争力、产品盈利能力以及未来发展潜力，毛利率最好要大于30%。

（2）净资产收益率。

净资产收益率 ＝ 净利润 / 净资产 ＝ 销售净利率 ＋ 资产周转率 ＋ 权益乘数，净资产收益率不能低于一年期国债利率

销售净利率——利润的实现；资产周转率——衡量企业资产管理效率；权益乘数——是指资产总额相当于股东权益的倍数，反映资产负债率的高低，最好低于70%。

（3）主营业务收入增长率。

主营业务收入增长率 ＝（本期主营业务收入 －上期主营业务收入）/ 上期主营业务收入 ×100%

衡量公司的产品生命周期，判断公司发展所处的阶段，主营业务收入增长率不能低于 GDP 增

速，否则就是拖了 GDP 的后腿，这样的上市公司不能选。

注意几点：

一般来说，如果主营业务收入增长率超过 10%，说明公司产品处于成长期，将继续保持较好的增长势头，尚未面临产品更新的风险，属于成长型公司。

如果主营业务收入增长率在 5% ~ 10%，说明公司产品已进入稳定期，不久将进入衰退期，需要着手开发新产品。

如果该比率低于 5%，说明公司产品已进入衰退期，保持市场份额已经很困难，主营业务利润开始滑坡，如果没有已开发好的新产品，将步入衰落。

其他重要衡量指标：

现金流量——获取现金的能力，偿债能力，收益的含金量，投资活动和筹资活动。

应收应付账款——经营中的地位，市盈率，市净率，存货周转，资产减值，非经营损益，流动比，速动比……

财务数据单单看某一年的意义不大，而且很枯燥，要纵向比较——比自己的历史（3年）；横向比照——比别人（同行业3家）。这些指标在行情软件F10里面都可以看到。

自上而下选股实战案例之长春高新。

基本面产品线盘点：（1）金赛——生长激素；（2）百克：水痘疫苗、狂犬病疫苗以及艾滋病疫苗临床；（3）已报批产品：长效生长激素、艾塞那肽、重组人促卵泡素；（4）华康药业：血栓心脉宁、银花泌炎灵片。

首先，长春高新生长激素处于行业龙头地位，生长激素占市场份额的80%以上，处于绝对龙头地位。子公司百克生物即将分拆到科创板上市，步入发展新台阶。

其次，长春高新毛利率非常高。2017年、2018年、2019年和2020年一季度，毛利率分别为81.94%、85.10%、85.19%和88.89%。毛利率一直处于较高水平而且有上升趋势，表明公司产品非

常具有竞争力，不会为了抢占市场占有率去打价
格战。图 2-8 为长春高新近 4 年的盈力能力指标。

【盈利能力指标】				
财务指标(%)	2020-03-31	2019-12-31	2018-12-31	2017-12-31
营业利润率	42.1992	39.0059	33.6074	27.7916
营业净利率	34.4890	31.8589	27.2152	22.6122
营业毛利率	88.8982	85.1945	85.1024	81.9439
成本费用利润率	75.1481	67.4652	52.2845	41.5767
总资产报酬率	4.9276	22.1678	18.4098	15.2171
加权净资产收益率	6.4900	28.5400	20.8500	15.9900
财务指标(%)	2020-03-31	2019-12-31	2019-09-30	2019-06-30
营业利润率	42.1992	39.0059	39.9333	36.7920
营业净利率	34.4890	31.8589	32.6877	29.8541
营业毛利率	88.8982	85.1945	85.9377	83.4738
成本费用利润率	75.1481	67.4652	70.3721	62.0102
总资产报酬率	4.9276	22.1678	19.3196	12.3271
加权净资产收益率	6.4900	28.5400	21.2500	12.8100

图2-8　长春高新近4年来的盈利能力指标

再次，长春高新净资产收益率在 2017 年为
15.99%，2018 年 为 20.85%，2019 年 为 28.54%，
收益水平都非常高。

最后，长春高新的主营业务增长率 2017 ～
2019 年都在 30% 以上，分别为 41.58%、31.02%
和 37.18%；而同期净利润也分别同步增长，2017
年净利润增长率为 36.52%，2018 年净利润增长率
为 52.05% 和 2019 年净利润增长率为 76.35%。

【主要财务指标】

财务指标	2020-03-31	2019-12-31	2018-12-31	2017-12-31
审计意见	未经审计	标准无保留意见	标准无保留意见	标准无保留意见
净利润(万元)	54247.66	177500.92	100649.54	66194.88
净利润增长率(%)	48.5935	76.3554	52.0503	36.5258
营业总收入(万元)	166093.59	737370.13	537499.47	410226.16
营业总收入增长率(%)	-6.4289	37.1853	31.0252	41.5823
加权净资产收益率(%)	6.4900	28.5400	20.8500	15.9900
资产负债比率(%)	32.6149	30.7654	32.7952	29.2610
净利润现金含量(%)	62.1866	108.9950	87.8361	57.6158
基本每股收益(元)	2.6800	10.2700	5.9200	3.8900
每股收益-扣除(元)	-	10.2800	5.8800	3.7800
稀释每股收益(元)	2.6800	10.2700	5.9200	3.8900
每股资本公积金(元)	15.1832	15.1832	11.5565	11.5635
每股未分配利润(元)	23.5608	20.8801	15.9512	11.4347
每股净资产(元)	42.6310	39.9500	31.1268	26.0172
每股经营现金流量(元)	1.6671	9.5605	5.1970	2.2420
经营活动现金净流量增长率(%)	-45.4488	118.8377	131.8028	23.7975

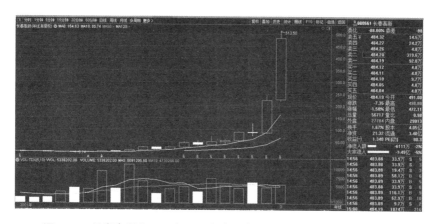

图2–9　长春高新近4年来的主要财务指标

图2–10　长春高新自1996年12月上市以来的年K线走势图（前复权）

综合以上因素，毫无疑问长春高新是一家高增长的成长型企业，最近3年复合增长率超过 40%。世界级投资大师彼得·林奇首创十倍股"Ten bagger"术语。十倍股票是指股票价格可以在相对较短的时间（如 5 年以内）上涨超过 10 倍以上的股票，其含义是假定估值不变，当盈利年增长率超过 25% 时，5 年内公司的盈利和股票价格将上涨 10 倍。而长春高新多年来盈利复合增长率一直超过 50%，这也是其自 1996 年 12 月 18 日上市以来股价涨幅超过 300 倍的根本原因。

自上而下选股实战案例之我武生物（见图 2-11 ~ 图 2-13）。

【盈利能力指标】

财务指标(%)	2020-03-31	2019-12-31	2018-12-31	2017-12-31
营业利润率	42.3933	53.7066	54.1904	56.0777
营业净利率	36.4804	45.7682	46.3039	48.2664
营业毛利率	95.6027	96.4257	94.3048	96.3469
成本费用利润率	90.8678	135.0842	122.6834	130.3339
总资产报酬率	3.3043	24.2062	25.8043	25.8124
加权净资产收益率	3.2000	26.0400	26.6300	25.5500

财务指标(%)	2020-03-31	2019-12-31	2019-09-30	2019-06-30
营业利润率	42.3933	53.7066	56.6247	54.5516
营业净利率	36.4804	45.7682	48.5640	46.9088
营业毛利率	95.6027	96.4257	96.5096	96.4629
成本费用利润率	90.8678	135.0842	152.8114	136.9489
总资产报酬率	3.3043	24.2062	20.8623	12.2337
加权净资产收益率	3.2000	26.0400	21.8600	12.0200

图2-11　我武生物近4年来的盈利能力指标

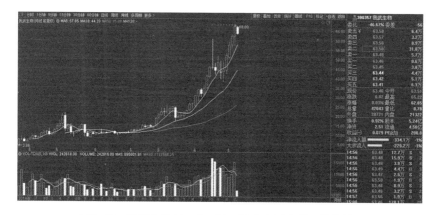

【主要财务指标】				
财务指标	2020-03-31	2019-12-31	2018-12-31	2017-12-31
审计意见	未经审计	标准无保留意见	标准无保留意见	标准无保留意见
净利润(万元)	4136.87	29829.66	23288.41	18610.39
净利润增长率(%)	-37.4507	28.0880	25.1366	44.0422
营业总收入(万元)	11027.57	63935.29	50074.47	38557.68
营业总收入增长率(%)	-20.1389	27.6804	29.8690	23.5484
加权净资产收益率(%)	3.2000	26.0400	26.6300	25.5500
资产负债比率(%)	4.1130	5.3391	5.9053	5.5467
净利润现金含量(%)	163.6981	78.0852	88.6503	85.5082
基本每股收益(元)	0.0790	0.5697	0.8006	1.1500
每股收益-扣除(元)	—	0.5620	0.7730	1.0900
稀释每股收益(元)	0.0790	0.5697	0.8006	1.1500
每股资本公积金(元)	0.2448	0.2448	0.1802	1.1244
每股未分配利润(元)	1.0231	0.9441	1.8309	2.4029
每股净资产(元)	2.5065	2.4300	3.3331	4.9583
每股经营现金流量(元)	0.1293	0.4449	0.7098	0.9847
经营活动现金净流量增长率(%)	39.9833	12.8228	29.7349	29.6171

图2-12 我武生物近4年来的主要财务指标

图2-13 我武生物2014年1月21日上市以来月K线走势图

公司基本面: 主营创新药物, 只发展具有重大技术优势或市场优势的创新药物或具有类医药功能的产品、新医疗器械。2012 年，根据 CFDA 南方所《2008 ～ 2012 年我国过敏性疾病用药市场查询报告》，公司的尘螨脱敏治疗药物市场占有率第一。2018 年，我武生物投资设立上海我武干细胞科技有限公司，集中资源在抗衰老和再生医学领域进行开拓。

首先，我武生物是脱敏治疗药物市场细分领域当之无愧的龙头，老龄化给中国医药行业提供显著增量需求，同时属于国家鼓励支持的创新药物产业，行业发展大有前景，兼具必须消费品和消费升级双重属性，属于医药投资的首选方向。

其次，我武生物主营业务产品的毛利率非常高。2017 年我武生物的毛利率为 96.34%，2018 年为 94.3%，2019 年为 96.42%，而同期贵州茅台的毛利率只有 91%。可见，我武生物的产品相当有市场竞争力，完全不需要通过打价格战的手段去赢得市场占有率。

再次，我武生物主营业务收入增长率和净利润增长率以及净资产收益率较高。2017 ～ 2019

年我武生物主营业务收入增长率分别为 23.54%、29.86%、27.68%；2017 ～ 2019 年我武生物净利润增长率分别为 44.04%、25.13%、28.08%；2017 ～ 2019 年我武生物净资产收益率分别为 25.55%、26.63%、26.04%。三项指标都大于彼得·林奇 5 年 10 倍股票"Ten bagger"要求的 25% 复合增长要求，这也是我武生物上市 6 年来股价上涨了近 20 倍的真正原因。

所以自上而下选股，首先选择的是符合国家产业政策和大力支持的行业龙头。一般净利润复合增长率大于 25% 的上市企业将是价值投资者的首选。这样的成长型企业买进后即可长期持股，5 年，10 年，20 年甚至更长久，直到企业的净利润复合增长率开始下降才需要考虑卖出。

股票市场的选股始终围绕以下两大主线展开：

第一条主线是受益于改革的题材股，比如 5G、科创板、人工智能、芯片、国企混改、高端智能制造、军工、生物医药、新能源汽车产业链等。

第二条主线是业绩超预期的成长股，比如价

值股中供给出清充分和行业集中度高的，成长股中用业绩证明自己的。如格力电器、美的集团等家用电器消费类个股和酿酒板块的茅台、五粮液、山西汾酒以及食品饮料行业的海天味业、双汇发展、安琪酵母等。

股票下跌容易上升难，这是大多数股民共同的感觉。股价的上升，通常是阶梯式一步一步缓慢攀高；但是股价的下跌，却往往是一"跌"千里。股市里面充分体现了人性的弱点：贪婪、恐惧、冲动，只要克服好了这些东西就成功了一半。

第三章

择时：与庄共舞——3个买点 & 2个卖点

第一节　择时胜于选股

　　不理会股市的涨跌，不担心经济情势的变化，不相信任何预测，不接受任何内幕消息，只注意两点：A. 买什么股票；B. 买入价格。

——巴菲特

股票投资无非就是两件事：一是选好股，二是选择在好股价值低估的时候买进并长期持有（择时）。在巴菲特看来，买什么股票（选股）；什么价格买（择时）是投资最重要的两件事情。

我们按照价值投资的选股标准，进行自上而下的选股。

首先是要在国家鼓励发展的行业选股，选出行业细分领域的细分行业龙头。

其次是个股的毛利率、净资产收益率、主营业务增长率和净利润增长率4项指标均要越高越好，最起码的要求是必须大于GDP增速。笔者觉得这4项指标最好都能大于30%，这样的股票如果价格没有出现一步到位的高估情况，而只是正好反映当时的成长水平，只要未来5年该上市公司保持同样的水平实现净利润复合增长，那么股价未来5年上涨10倍甚至更多倍的概率会非常大。

按照价值投资法选好股票之后，剩下的就是选择时机买进并持有。很多时候，择时更胜于选股，因为没有只涨不跌的股票，也没有只跌不涨的股票。同一只股票在不同的时间买入，持仓成本和盈利状况是完全不同的。

很多时候股票本身并无好坏之分，关键要在合适的时间用合适的价格买进方可获利。简言之：没有不赚钱的股票，只有不赚钱的操作；看对不赚钱，做对才盈利。

我们拿两市第一高价股贵州茅台举例，说明择时的重要性。

从贵州茅台上市以来的年 K 线图（见图 3-1）和月 K 线图（见图 3-2）可以看出，大多数年份贵州茅台都是创了历史新高的，给长线价值投资者们带来了丰厚的回报。但是我们从贵州茅台的月 K 线图看，如果我们选择在 2018 年 1 月以 739 元的均价附近买入贵州茅台，那么未来的 14 个月内几乎都是不盈利的。虽然 14 个月后的多数月份贵州茅台的股价都创了历史新高，但是如果选择在 2018 年 10 月才建仓买入，那么持仓均价将会控制在 520 元以下。

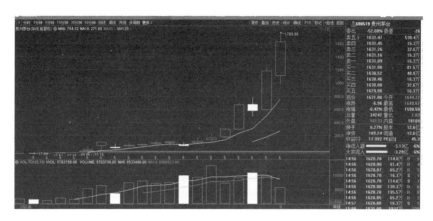

图3–1　贵州茅台上市以来的年K线走势图

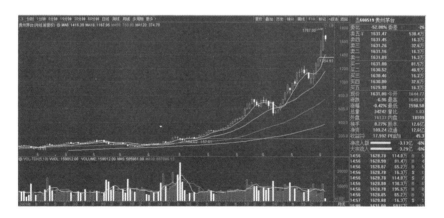

图3–2　贵州茅台上市以来的月K线走势图

　　股票的买入价格将直接决定报酬率的高低，即使是长线投资也是如此。选择在 2018 年 1 月买入贵州茅台的投资者持有到 2020 年 6 月 24 日，回报率只有 97.56%；而选择在 2018 年 10 月买入贵州茅台的投资者，同样持有到 2020 年 6 月 24 日，回报率却高达 180.76%，几乎比前者（早买入贵州茅台股票 9 个月的投资者，还不计算时间成本）收益高出 1 倍。因此，抄底逃顶永远都是股市里面最最热门的话题，也是散户投资者追涨杀跌造成亏损的重要原因。

成功地抄底与逃顶是衡量一个股民操作水平高低的重要依据，优秀的投资者总是能把握好进出的时机，虽然他不一定抓住最低点。

与之相反，有的人却往往容易踏错节奏，买在最高点而卖在最低点，损失自然惨重。投资者总是希望，尽量在低价买入，在高价卖出，从而获取投资收益的最大化。因此投资者不约而同地想到"抄底""逃顶"，实际情况却并非那么容易。

中石油的教训，使投资者意识到，再好的股票都会亏钱。因为除了选择股票，还要选择好买卖点（择时），更要有控制风险的理念，才能够在股市中生存与获利。"君子不立危墙之下"，"覆巢之下，岂有完卵！"

价值投资告诉我们，要打折买入赚钱机器后耐心持有。"打折"利用了人们恐惧的羊群效应，预留出了未来糟糕的不确定性带来的股价进一步下跌的空间。"赚钱机器"之所以是赚钱机器，一般都是有垄断性的产品、完美的用户体验、卓越的品牌、高效的管理，或者兼而有之，那么它继续大量赚钱的确定性就很高。最后，"耐心持有"，是给时间让必然性从偶然性中浮现出来。

第二节　学会像庄家一样思考

股市存在一天，庄家就会存在一天。散户和庄家的关系就像羚羊与狮子，双方在对立统一中构成草原的生态。股市离开谁都会变味，你只要确保自己不是那只跑得最慢的羚羊就足够了。但千万别因此而高兴得太早，因为很可能，你确实就是那只跑得最慢的羚羊。

自古跟庄属于天方夜谭,与庄共舞更是一厢情愿。但是散户投资者学会像庄家一样思考(拥有巨额资金的游资或者机构投资者我们姑且称之为庄家),这一点还是完全可以做到的。

庄家在进入一只股票前,会仔细分析该股票的基本面、技术面和资金面,如果该股未来6~12个月没有50%以上的盈利空间,庄家一般是不会进入该股票进行买卖的。

其实,庄家并不神秘,"低买高卖"是唯一手段,谁也绕不开这个定律——这就是突破口。

难点一:低买

庄家低买=散户低卖=散户割肉,那么庄家要如何才能做到不动声色地买?如何才能让散户心甘情愿地卖?

散户心中的疑惑一:为什么手握千亿资金的庄家总跟我过不去,总盯着我手里这几万块钱?我一买进就大跌,我一卖出就涨停?答案很简单:庄家比你有耐心,庄家不会恐慌,庄家知道见好就收,而散户做不到。散户总是为了小利益丢掉大利益，为了眼前利益而丢掉未来利益。散户想的是赚快钱，想的是今天就要盈利，而庄家想的是放长线钓大鱼。散户又不只你一个，韭菜基本都跟你一样会低卖，虽然一个散户的筹码并不多，但是千千万万的筹码足够庄家分一杯羹了。

难点二：高卖

庄家高卖＝散户高位接盘，如何才能卖得不动声色？如何才能让散户买得心甘情愿？

散户心中的疑惑二： 为什么总觉得自己在低抛高吸？答案同样简单：因为你总盯着别人的口袋，忽视了有人把手伸进了你的口袋。所以，先捂好自己的口袋比盯着别人的口袋更重要。因为庄家知道什么时候涨，涨多少，什么时候跌，跌多少，而你就是算命瞎子。

散户在股评家嘴里最最经常听到的耳熟能详的话就是"高抛低吸，低买高卖，波段操作"，这是一句永远正确的废话。之所以正确，是因为任何人想要从股市中赚钱，无论他是价值投资还是趋势投资，无论他是超长线还是超短线，都必须这样做才能成功赚到钱。之所以是一句废话，一是简单到不必说，二是说起来容易做起来难。

为什么难？因为没有一个评判的标准，究竟何为低？何为高？只有定义了"低"和"高"，才能落实"吸"和"抛"。散户何时才能做到跟庄家一样在股价出现低估的时候和庄家一样买买买？在股价出现高估的时候和庄家一样卖卖卖？这就是本章第三节需要解决的重点问题。

投资物语

我佩服短线的成功者，他们的智商和反应能力，我这辈子都无法达到。但是你要知道我说的成功者绝不是3～5年的概念，而是至少10年以上。短期的暴利不说明任何问题。

——斯坦利·克罗

第三节 买点：股市的 3 个机会点

　　市场最坏的时候往往是投资最好的时候。股市是反人性的。

　　众所周知，市场最坏的时候往往是投资最好的时候。当楼市泡沫破灭的时候，往往是低价购买房产的最好时候。1998 年亚洲金融危机，香港房价一度暴跌近 70%，当时出现大批"负资产者"和绝望的"烧炭自杀"者。然而，经过 10 余年的挣扎后，香港的房价再次立于全世界房价之巅。可想而知，在香港楼市泡沫破灭的时候购买香港房产的投资者必然赚得盆满钵满。

投资楼市如此，投资股市亦如此。每次发生股灾之后往往是投资者低价购买股票的最佳时机。2008 年美国次贷危机爆发后，道指暴跌 45%，低至 7800 点，巴菲特一路买买买，此后美国股市经历长达十余年的史上最长牛市，2020 年 3 月道指最高飙升到近 30000 点，涨幅接近 3 倍，巴菲特也因此再次成为美国股市投资的最大赢家。

2020 年 3 月美国新冠肺炎疫情爆发，纳指经过 6 次熔断，从 9856 点一路暴跌，低至 6631 点，然而 3 个月后，纳指暴涨 54%，续创历史新高，纳指涨到了 10221 点。

美股如此，其实在 A 股投资同样如此。上证指数 2004 年 4 月最高从 1783 点一路下跌到 2005 年 6 月的 998 点，2008 年股灾后的 1664 点，2015 年股灾后的两次 2638 点以及 2018 年熊市后的两次 2449 点附近都成为 A 股投资最好的时间机会点。

没有一个熊市无法逾越，也没有一个牛市不会来临。牛市从来只会迟到，不会不到。凯恩斯表示，在过去100多年历史上发生的40次股市暴跌中，即使其中39次我提前预测到，而且在暴跌前卖掉了所有的股票，我最后也会后悔万分的，因为即使是跌幅最大的那次股灾，股价最终也涨回来了，而且涨得更高。

市场最坏的时候往往是投资最好的时候，这才是真正的交易之道。按照这个逻辑，笔者认为股票买入的机会点有三个：

（1）前低买；

（2）指标买；

（3）均线买。

如果没有出现这三个机会，那么散户投资者完全可以跟巴菲特一样，宁可选择持有现金，也不要盲目入市。至少散户投资者还可以在证券账户里面做现金理财，年化收益率一般也可达到2% ~ 3%，最重要的是一旦股市出现上述三个机会点的时候，可以马上实现低吸，一点都不会影响在股市抄底。

一、前低买

前低买一般是指大盘或个股上一次发生股灾或者出现利空或者发生某个事件驱动导致大盘或者个股进入技术性熊市后产生的低点，我们暂且把它称为前低。例如，2015 年 6 月，水牛市后发生的股灾导致股市暴跌，但是底部在何处没人知道。直到 2016 年 1 月，股指经过半年多时间缩量下跌后（下跌缩量非常重要，表明没人想卖出股票了，这个时候离底部就不远了，这个问题第四章有详细论述）运行到了 2638 点附近后不再下跌，并开始较大幅度的反弹走势，这时我们就可以初步确定 2638 点为前低，此后如果再次跌至 2638 点附近就可越跌越买。

同样，2018 年的上证指数两次跌至 2449 点附近，2020 年 2 月和 3 月的上证指数也两次下跌到 2685 点附近，那么前一次的 2449 点和 2685 点即为前低，前低反弹一段时间后如果再次跌到前低附近就是绝佳的入市买进机会点。

个股方面同样如此，2020 年 2 月 3 日，受到武汉新冠肺炎疫情影响，A股开盘就暴跌8.73%，导致千股跌停，2月4日再次千股跌停，一般而言，这个时候我们并不知道个股在这个位置就是底部。但是此后大盘和个股陆续反弹，我们基本确定2月4日很多个股的低点就是前低。因为这个仅仅是新冠肺炎疫情事件驱动导致的大跌，个股基本面并没有发生根本改变。因此3月份海外疫情爆发后，我们指导客户3月份一定要在2月4日股票价格的前低附近买买买。

具体实战案例如图3-3～图3-6所示。

3月19日上证指数跌至2月4日前低附近，出现低吸良机。

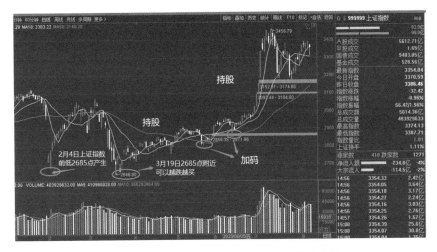

图3-3　上证指数2020年1～8月的日K线走势图

2020 年 3 月份多次下跌到 2 月 4 日的前低价格 1.736 元附近，这时候就是投资者在前低价格附近建仓买进并持有的绝佳时机。

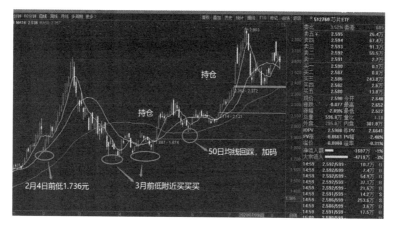

图3-4　芯片ETF的前低买

2020 年 3 月份泰格医药再次出现 2 月 4 日的前低价格，给了投资者的再次入场在前低价格附近买进建仓的最佳时机。

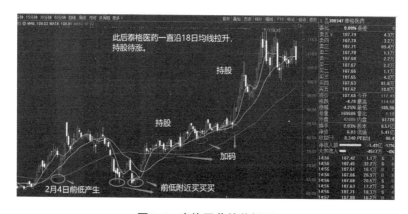

图3-5　泰格医药的前低买

2020 年 3 月份爱尔眼科再次出现 2 月 4 日的
前低价格,同样给了投资者再次入场在前低价格
附近买进建仓的最佳时机。此后短短 4 个月爱尔
眼科就走出了翻倍的行情。

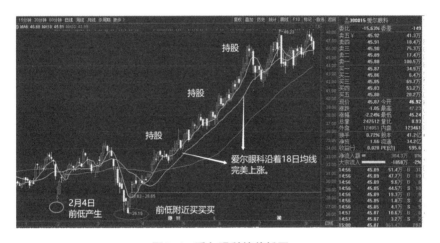

图3-6 爱尔眼科的前低买

这样的例子非常多,由于事先我们已经按照
价值投资选股法选好股票池,因此知道股票下跌
的原因并不是股票本身的基本面发生改变,而只
是受暂时事件性驱动的影响,因此投资者才敢于
越跌越买,最后都获得了巨大的成功。

前低买意味着此前进入的投资者无论是庄家
还是散户,都在这个位置处于亏损状态,因此下

跌空间非常有限，可以实现和庄家一起低吸，一起买买买，从而避免追涨杀跌的韭菜命运。

也就是说，散户投资者在优质股票到了前低的时候需要逆人性操作，是要果断地买入而不是卖出。当然，这里需要注意，有的股票会不断创新低，一低更比一低低，如中国石油就是这样的股票，底在哪里无从知晓。

但是请注意，按照价值投资选股法，散户投资者是不会参与这样的股票交易的，这样的股票进不了价值投资选股的股票池，它的毛利率、净利率、净利润增长率和净资产收益率等4项指标完全不符合我们的价值投资选股法，因此迭创新低这样的极端情况一般不会发生。

当然，价值投资的好股票也有跌破前低的时候，但是如果发生这样的情况，对散户投资者而言就是难得的抄底好机会，可以越跌越买，这样持仓成本将会更低。因为这时投资者心里有底气，根据该股的基本面在这个价格附近已经明显低估，而且此前买入该股票的所有投资者在前低附近都已经全部处于亏损状态，下跌空间已经非常有限了。因此可以说在这个价位买到就是赚到，你在前低附近买进，成本几乎是所有投资者中最低的，现在的下跌只是暂时的，因为股票已经跌出价值了。这就是古人常说的打仗要做到"未战而庙算胜"。对于投资而言，道理是一样的，投资者在买进股票之前，心里就要清楚地知道在不久的将来，这只股票一定会大赚，否则就永远不要买进。

买价决定报酬率的高低，即使是长线投资也是如此。

——巴菲特

二、指标买

指标买我们需要借助一些炒股软件来实现，目前市场上有很多抄底软件都不错。当然抄底软件仅仅是用来参考或者约束投资者在没有更好的低吸机会点到来的时候要善于等待。任何软件都不可能100%准确，否则股市就成了炒股软件的提款机，炒股软件公司就不需要卖软件赚钱而是直接去股市获利了。但是，散户投资者用来做辅助工具进行低吸或抄底判断，还是非常管用的。目前很多券商都会为自己的散户投资者提供这样的炒股软件，这些炒股软件在股票下跌一段时间后，就会发出 B 点（买入信号）和 S 点（卖出信号），具有一定的参考价值。

比如笔者经常跟踪和使用的一款名叫红财神通达信炒股软件的抄底指标就比较准确，个人跟踪使用了 10 年，发现其总体准确率超过 72.4%，尤其按照价值投资选股办法选出来的股票，其低吸指标总体准确率达到惊人的 90% 以上，投资者不妨用来做低吸买入的参考指标。

具体实战案例如图 3-7 ～图 3-9 所示。

2020 年 3 月 13 ～ 26 日，立讯精密连续两次发出指标买信号，图中梯形柱体就是指标买信号，买进价格在 26 元附近，此后不到 4 个月，立讯精密的股价就飙升到 60 元附近，涨幅达 130%。

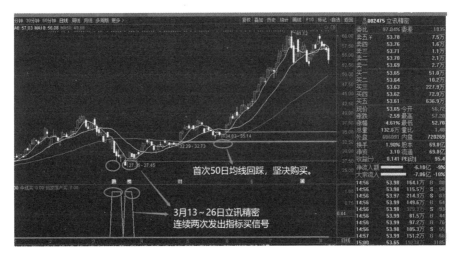

图3-7 立讯精密的指标买

2019 年 11 月 25 日，南大光电在 11.30 元附近发出指标买信号；2020 年 4 月 13 日和 4 月 28 日南大光电又两次在 24 ~ 26 元之间发出指标买信号，见图中梯形柱体，此后不到 3 个月南大光电股价就走出翻倍行情；2020 年 7 月 24 日再次发出短线买的指标信号。

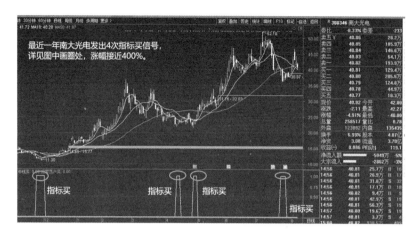

图3-8 南大光电最近一年内发出的4次指标买信号

2020 年 2 月 4 日和 3 月 19 日，五粮液在 100

元附近分别发出指标买信号，见图中梯形柱体，

此后不到 5 个月时间，五粮液最高股价达到 226

元创出历史新高，期间涨幅达到惊人的 126%。

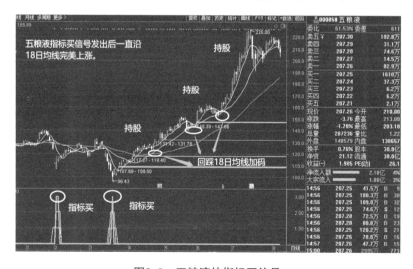

图3-9 五粮液的指标买信号

　　指标买这样的例子非常多，数不胜数。指标买最大的作用在于没有出现指标的时候，散户投资者尽量空仓耐心等待机会的出现，这样可完全避免追涨杀跌做韭菜的命运。善猎者善等待，机会总是等出来的。

　　所有的技术分析，炒股软件，都不是根本，都是雕虫小技。细节和正确的投资理念结合在一起才能杰出，不然无异于灾难。

——克罗

三、均线买

　　本书第四章"与趋势共舞：6 ~ 18 ~ 50 日均线法则"，笔者会重点阐述 6 ~ 18 ~ 50 日均线买法则，在这里先作为三个机会点之一，简单阐述一下均线买的概念。

　　通常股市里面投资者使用的均线都是 5 日、10 日、20 日、30 日和 60 日均线以及半年线（120日均线）和年线（250 日均线）这样的均线。台湾著名投资顾问傅吾豪先生编著了一本《操盘圣经》，他通过大数据分析发现，6日、18日和50日均线会比5日、20日和60日等均线的灵敏度和精准度要更高一些，当然也并没有什么本质上的区别。均线具体设置多少天，就是一个人的使用习惯而已，比如很多私募就习惯使用34日、55日、144日均线等，本质上都仅仅是投资者用来参考的一个辅助工具。

通过近10年的摸索、跟踪和改进，笔者把傅吾豪先生讲述的6～18～50日均线进行了根本性的创新、优化和简化，这样更加简单明了，投资者可以非常容易学会并在实战中灵活掌握和运用。

均线买机会提示，我们用18日均线举例说明。

（1）机会条件。

当股价下跌一段时间后，且今日收盘价站上18日均价之上，且18日均线也由走空转走平或走多。

（2）优化条件。

该股 6 日均量大于 36 日均量，且大盘指数 18 日均线走平或走多。

如图 3-10 ~ 图 3-14 所示（图中均线为 18 日均线）。

歌尔股份 2020 年 3 月经过一段时间下跌后，18 日均线由走空转走平，并于 4 月 2 日一根中阳线重新站上 18 日均线，此后 18 日均线开始逐渐走多，因此此后歌尔股份股价每一次回踩 18 日均线，都是均线买建仓或者均线买加仓的最佳机会点。

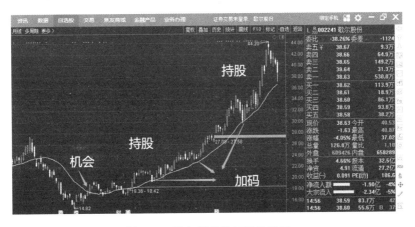

图3-10　歌尔股份的18日均线买

2019年5月，汇顶科技经过一段时间下跌后，18日均线由走空转走平，并于6月19日一根小阳线重新站上18日均线，出现均线买机会点，此后汇顶科技18日均线一直走多，可以坚定持股，在没有有效跌破18日均线的情况下，每一次回踩18日均线，都是均线买加仓的最佳机会点。有效跌破18日均线是指连续三天股票的收盘价低于18日均价（以下同）。一般而言，如果股票有效跌破18日均线就不能再加仓，具体做法本书后面章节中的2个卖点部分有详细说明，这里不再赘述。

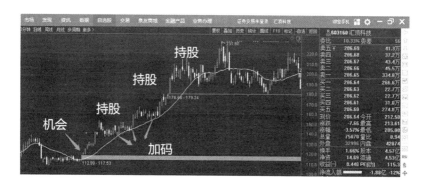

图3-11　汇顶科技的18日均线买

2019年7月22日安集科技在科创板上市后不久就开始一路下跌，直到当年12月9日重新站上18日均线，且18日均线由走空转走平，第一次出现18日均线买的机会点。此后安集科技18日均线一直走多，可以坚定持股。2020年2月3日安集科技当天跌破18日均线，但是次日收盘就重新站上18日均线，且18日均线一直走多，因此依旧是加仓机会点。此后安集科技经过几个波段的上涨和下跌，2020年7月7日创出500元的历史新高，区间涨幅接近300%。

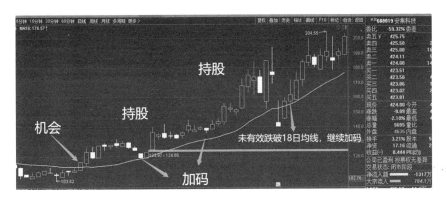

图3-12 安集科技的18日均线买

　　智飞生物 18 日均线由走空转走平后，于 2020年 3 月 24 日站上 18 日均线，当天 18 日均线价格为 61.90 元，而智飞生物当天的收盘价为 63.55元。此后，18 日均线一直走多，即可一直坚定持股，7 月 30 日智飞生物创出了 194 元的历史新高股价。

图3-13　智飞生物18日均线买

　　沃森生物 3 月份 18 日均线由走空转走平后，18 日均线逐渐走多，此后一路坚定持股，8 月 6日沃森生物股价创出了 95.90 元的历史新高，这样的例子不胜枚举。

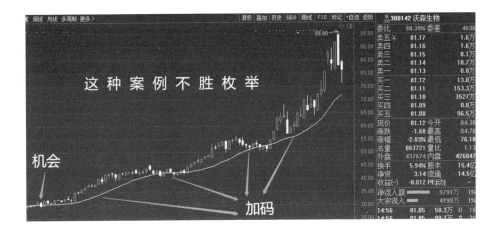

图3-14　沃森生物18日均线买

重要提示：这里的 18 日均线（中线买）可以用 6 日均线（短线买）和 50 日均线（长线买）来替换，其原理是一模一样的。详见图 3-15 ~ 图 3-18 所示。

通策医疗图中的三条均线分别为 6 日均线、18 日均线和 50 日均线。通策医疗非常强势，一直沿 6 日均线上涨，偶尔回踩一下 18 日均线。也就是说通策医疗每次回踩 6 日均线或者 18 日均线都是加仓机会点。

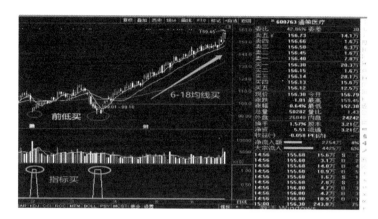

图3-15　通策医疗6~18~50日均线

爱尔眼科图3-16中的三条均线同样分别为6
日均线、18日均线和50日均线。爱尔眼科同样非
常强势，一直沿6日均线上涨，偶尔回踩一下18
日均线。也就是说爱尔眼科跟通策医疗一样，每
次回踩6日均线或者18日均线都是加仓机会点。

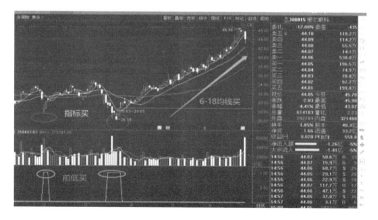

图3-16　爱尔眼科6~8~50日均线

通策医疗和爱尔眼科都是我们运用价值投资选股法选出来的好股票，最近几个月来一直沿 6 ~ 18 日均线上涨。

2020 年 2 ~ 5 月份北大荒股价一直沿 50 日均线上涨。

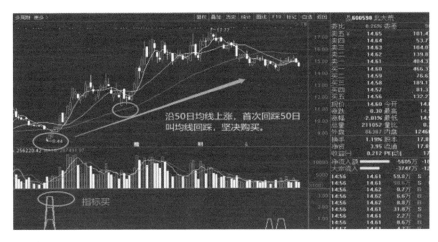

图3-17　北大荒的6 ~ 18 ~ 50日均线走势图

闻泰科技 2019 年 6 月站上 50 日均线以来，直到 2020 年 3 月，一直沿 50 日均线上涨，期间阶段性涨幅超过 400%。

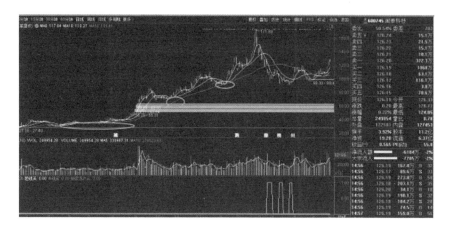

图3-18　闻泰科技的6～18～50日均线走势图

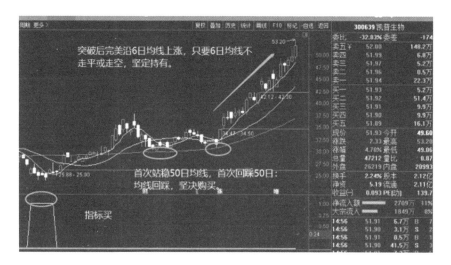

图3-19　凯普生物2020年3～6月的K线走势
完美地诠释了前低买、均线买和指标买

本书所有举例个股都是笔者按照价值投资选股法选出来的个股，都在投资者大讲堂的课件里面有详细的推荐理由。

这样的例子不胜枚举，当三个买点中同时出现两个买点，尤其是前低买和指标买重合，那么底部信号就得到加强，低吸信号就更加强烈。一旦股价再次进入上升通道，投资者既可沿6 ～ 18日均线加仓，当股价远离6 ～ 18日均线时加仓部分高抛，底仓不动，加仓部分反复滚动操作即可。

在前低买和指标买附近建立的底仓需要继续持有，直到股价的上升趋势走完，再按照本章第四节讲述的2个风险点（卖点）进行止盈卖出即可。一般而言，止赢卖出后即可空仓休息一段时间，这段时间让现金参与货币理财获取固定收益（一般年化有收益率2% ～ 3%）即可，直到另一只股票或者这只股票再次出现机会点（买点），再重复上述交易操作即可。

一般而言，同一只股票一年之中能出现3 ～ 5次三个机会点（前低买、指标买、均线买），也就

是可以低吸的买点。如果投资者的资金量小于 100
万元，建议完全可以只操作一只股票，永远不要
同时操作 3 只以上的股票，这样才能利益最大化。
乔布斯说过：简单和专注是成功的秘诀。

健帆生物同样完美地诠释了前低买、指标买
和 50 日均线买（见图 3-20），这样的案例同样不
胜枚举。

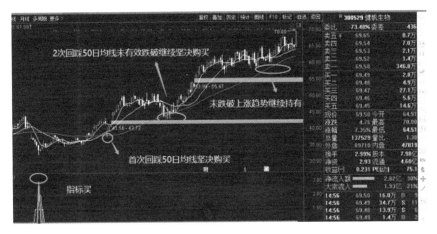

图3-20 健帆生物2019年12月～2020年6月的6～18～50日均线走势图

伟大的亚当理论告诉我们："最后你会发现
预测不是最重要的，最重要的是如何跟随市场趋
势。"均线买就是完全跟随市场趋势，没有进入上
升通道前（也就是站上 6 ～ 18 日均线之前）永远
不要去抄底。

第四节 卖点：股市的 2个风险点

中国股市谚语：会买的是徒弟，会卖的是师傅，会空仓的是祖师爷。

我们来看看止损的重要性：

亏10%，涨11%回本；

亏20%，涨25%回本；

亏30%，涨42.86%回本；

亏40%，涨66.67%回本；

亏50%，涨100%回本；

亏60%，涨150%回本；

亏70%，涨233.33%回本；

亏 80%，涨 400% 回本；

亏 90%，涨 900% 回本；

亏 100%，那就对不起，永别了。

散户投资者在没有做到学会持续稳定盈利之前，永远不要再投更多的钱到这个市场，否则只会越亏越多。中国股市有句谚语："会买的是徒弟，会卖的是师傅，会空仓的才是祖师爷。"可见投资者学会了按照三个机会点低吸股票还仅仅是刚刚入门。至于低吸后何时高抛卖出并保持空仓，做到时常在股市能够全身而退才是门大学问。

其实严格按照三个机会点（前低买、指标买、均线买）低吸股票，基本上是不需要止损的，只有追高买入才可能时常被套。按照三个机会点买入，更多时候需要的是何时止盈。因为三个买点基本上属于低吸或者抄底范畴，一般买进持有即可早晚获利。

下面介绍两个重要的股票止盈卖出法：进阶止盈法和 6 日均线止盈法。

一、进阶止盈法（卖点）

投资者需要找出每个交易日当天股票的最高盘中价（非收盘价），然后将股票最近的最高盘中价作为头部最高价来计算投资者的最高收益率。

例如，投资者的平均建仓价为10元，当股价盘中最高涨到15元时，理论上投资者此时的最高投资收益率为50%（因为还没有止盈卖出，所以只是理论上的收益），但是投资者对该股后市依然非常看好，认为还有上升空间，那么可以继续持股待涨。如果后市股价继续沿着16元、17元、18元往上涨，那么自然很美。但是不幸的是，股价如果最高冲高到15元后就开始震荡回调，那么我们在这个时候就需要给自己的股票设置一个合理的止盈价位，因为后市会跌多少没人知道。如果不设置止盈价位，那么投资者就会很容易坐过山车甚至造成投资亏损，在实际操作中这样的事情经常发生。

一般而言，获利50%以后，投资者可以给自己设置一个股票回撤的最大阈值，比如顶多容忍股票回调不超过 20%，那么 15 元的 20% 也就是回调不超过 3 元，也就是说后市该股不能跌破 12 元，否则就必须立即止盈。如果后市股价很不幸真的回调到 12 元附近，那么此刻投资者就必须毫不犹豫地选择第一时间获利了结，这样最后还可以获得 20% 以上的投资收益。

投资者也许会问，这个时候止盈少赚了差不多 30%，很不划算啊。之所以留出股票回撤的较大空间，是为了能够让利润继续飞奔。因为很多时候股价上涨 50% 后可能会回调 15% 左右然后再继续上涨，最后涨了 1 ~ 2 倍甚至超过 10 倍（事实上，每年都有一些股票能上涨超过 10 倍），这样就可以避免后面的上涨跟投资者没有任何关系，这样才可能让利润最大化。

当然，每个投资者对盈利收益的预期并不完全相同，有的投资者说我就只想每年赚 50% 足矣，那么盘中冲高就选择卖出也没什么大错，赚多赚少，赚了就好。

还有一种情况就是股票回调达到20%，投资者止盈后股价又开始猛涨，这种情况也是难以避免的。不过，即使出现这种情况，投资者也不需要后悔，说明你跟该股没缘分。我们都是凡人，错过这次机会还有下一个机会，总比万一继续下跌被套强。

下面是给投资者设置一个进阶止盈的参考阈值，具体最大允许盘中回调多少，投资者可以根据自己的承受能力以及当时的大盘市道研判高低来确定（关于大盘市道的研判，在第四章"与趋势共舞：6～18～50日均线法则"里面还会具体讲述如何研判大盘究竟处于高位还是低位）。如果大盘处于相对高位则允许回调的幅度要小；如果大盘处于相对低位，则允许回调的幅度可以适当加大。

（1）最高收益率＝盘中最高价／平均成本价，小于15%

止盈价＝盘中最高价×0.95，允许最大回调5%

（2）最高收益率 = 盘中最高价 / 平均成本价，大于 15%，小于 30%

止盈价 = 盘中最高价 × 0.925，允许最大回调 7.5%

（3）最高收益率 = 盘中最高价 / 平均成本价，大于 30%，小于 40%

止盈价 = 盘中最高价 × 0.9，允许最大回调 10%

（4）最高收益率 = 盘中最高价 / 平均成本价，大于 40%，小于 50%

止盈价 = 盘中最高价 × 0.85，允许最大回调 15%

（5）最高收益率 = 盘中最高价 / 平均成本价，大于 50%

止盈价 = 盘中最高价 × 0.8，允许最大回调 20%

重点提示：

无论投资者设置的最大回撤止盈阈值是多少，有一条原则必须不折不扣地贯彻执行，那就是按照三个机会点低吸的股票，一旦获利后，成本价就是最后的止盈价，用巴菲特的话说就是永远记住：保住本金，保住本金，保住本金。因为股市机会天天有，留得青山在，不愁没柴烧。

从图 3-21 可以看出，科创板股票华特气体指标买和前低买均出现在 50 元左右，强烈的低吸信号，50 元的均价买进后很快涨到盘中最高价 73.14 元，此时理论收益率为 46.28%，那么这时允许最大回调为 15%，也就是后市盘中不能低于 62.16 元（73.14−73.14×15%），一旦跌破必须第一时间在盘中选择冲高卖出。事实上此后华特气体后市调整 4 天没有跌破 62.16 元，继续持有 9 个交易日

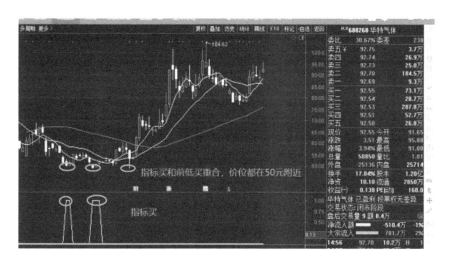

图3-21　华特气体2020年3～6月6日、18日和50日的日K线走势图

后股价达到最高价 101.5 元，这个时候选择冲高卖出基本上一个多月就实现单只股票翻一番的收益，完美实现让利润飞奔的目标。

从图 3-22 中硕世生物的运行轨迹更能看出进阶止盈的重要性。如果回调一点就匆忙卖出，那么后面的上涨就跟投资者没有任何关系。进阶止盈有时候让度了一点利润回吐空间是为了获得后面更大的收益。硕世生物从出现指标买和前低买均价大约为 80 元，后来涨到 240 元，差不多 4 个月即可稳赚 2 倍的收益。

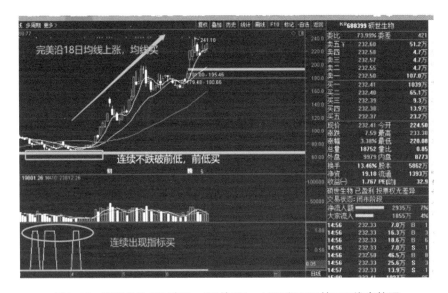

图3-22　硕世生物2020年3～6月的6日、18日和50日的日K线走势图

这还不算什么，硕世生物后面还有更惊人的涨幅。如果继续持有 5 ～ 6 个月，硕世生物最高涨到了 476.76 元，出现指标买的差不多 5 倍涨幅，详见图 3-23。可见，进阶止盈法在让度利润的同时收获也有可能会更多更大。

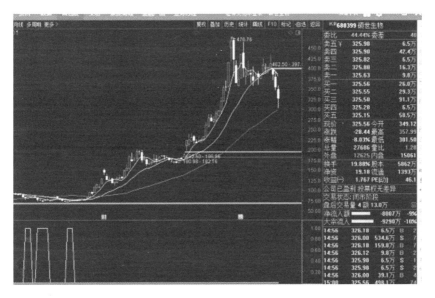

图3-23 硕世生物2020年3～8月的6日、18日和50日的日K线走势图

机会点一旦错过千万不要追高，因为股市只要不关，有的是机会；买入后一旦获利，成本价永远是最后止盈价。

二、6日均线止盈法

除了进阶止盈法，下面跟大家分享6日均线止盈法（卖点）。

6日均线止盈条件：当股价上涨一段时间后，连续两日收盘价跌破6日均价之下，且6日均线走平或走空。

投资者一般只参与主升浪，不参与调整。如果一只股票经过一段时间的上涨后，不再创新高，而是在高位徘徊，6日均线开始走平或者走空，那么投资者就需要及时止盈离场，不再参与股价的调整。关于6日均线止盈法在第四章"与趋势共舞：6 ~ 18 ~ 50日均线法则"中还会详细阐述。此处主要记住6日均线止盈法属于2个卖点之一即可。如图3-24 ~ 图3-27所示。

建设银行股价2018年1月30日6日均线开始走平走空，需要果断及时止盈，此后一直持币，不参与建设银行股价的调整。

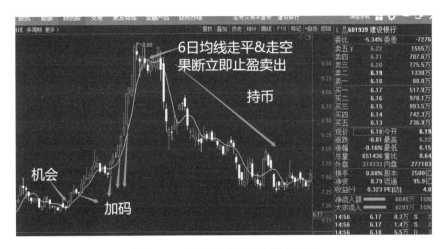

图3-24　建设银行的6日均线走势图

晶方科技2020年2月26日6日均线走平走空，需要果断及时止盈，此后一直持币，不参与晶方科技股价的调整。此后晶方科技的股价从138元跌到65元附近才止跌回稳，可见6日均线止盈的重要性。

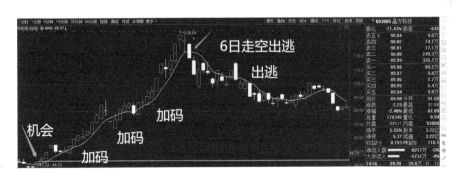

图3-25　晶方科技的6日均线走势图

兆易创新 2020 年 2 月 27 日 6 日均线走平并

走空，果断止盈。这样的例子同样不胜枚举。

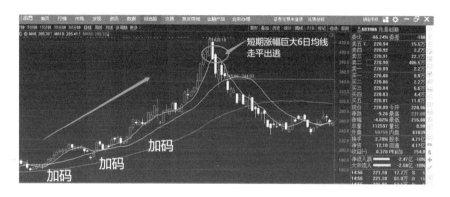

图3-26 兆易创新的6～18～50日均线走势图

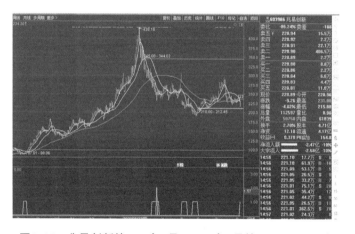

图3-27 兆易创新的2019年8月～2020年8月的6～18～50日均
线走势图

从上图中可以看出如果不及时进行止盈，此

后兆易创新的股价将腰斩，投资者很容易就坐上过山车。

记住：永远不休息、不控制仓位的短线投资者，赚不了钱；永远持有股票，不结合市场、经济情况进行波段操作的价值投资者也赚不了大钱。

最后我们用一张图来看一看 3 个买点 &2 个卖点的完整版，详见图 3-28。

建设银行 2017 年 11 月 3 日再次出现指标买，当天股价最低 6.77 元，投资者这个时候即可果断购买建仓；此后股价一路上涨，到了 2017 年 12 月 11 日股价再次跌破 7 元回到前低 6.77 元附近（最低 6.86 元），这个价位附近投资者按照前低买，同样可以果断买入；之后建设银行的股价先后站上 6 日均线和 18 日均线，并于 2018 年 1 月 9 日第一次回踩 18 日均线，按照我们的均线法则：无论 6 日、18 日还是 50 日均线，首次回踩都属于"均线回踩，坚决购买"。此后，建设银行的股价一直沿 6 日均线飙升，直到 2018 年 1 月 24 日达到 9.88 元的年内最高价，区间涨幅达 45%。这时候，投

资者既可以按照目标收益冲高随时止盈，也可以
按照进阶止盈法最大回撤阈值不超过 15% 止盈，
还可以按照 6 日均线走平或走空止盈。

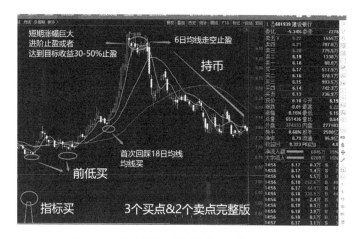

图3-28　建设银行3个买点和2个卖点走势图

投资物语

会做股票会赚钱的人，不会做股评，不会收
会员；不要交钱去学股市秘籍，我也想学，但的
确没有。书上的东西，仅仅作为参考，这个市场
永远是变化的，没有一成不变的东西，你自己体
会到的才是财富。

第四章

与趋势共舞：6 ~ 18 ~ 50 日均线法则

市场上没有人能准确预测个股和指数的走势，能做到判断清楚趋势就非常不错了；每天都想精确预测大盘或者个股的人，要么是很无聊在开玩笑，要么就是还没有真正入门。

第一节　与趋势共舞

俗话说："顺我者昌，逆我者亡。"即顺从我的就可以存在和发展，违抗我的就叫你灭亡。这句话原本是用来形容反动统治者的专制独裁或做事独断专横、飞扬跋扈，但用在股市上却有异曲同工之妙，投资股市同样需要顺势而为，否则很难取得成功。"君子不立危墙之下""覆巢之下安有完卵"说的就是这个道理。

罗杰斯就是顺势而为，是趋势投资最典型的代表人物之一，他被西方媒体称为"华尔街神话""拥有水晶球的魔法师"，与巴菲特、索罗斯并称为三大投资家。巴菲特曾慕名听他讲课，并认为他"把握时局大势的能力无人能及"。

罗杰斯 5 岁赚得人生第一桶金，26 岁只身闯荡华尔街，37 岁前赚够一生财富，提前退休。他两度环游世界，准确预测了 1987 年大股灾，率先预测了 2008 年的美国次贷危机。

1987 年持续上涨数年的日本股市渐渐趋缓。罗杰斯预见日本股市的跌势即将开始。1988 年，他开始大量卖空日本股票。事后正如他所料，他因此而获取大利。1987 年上半年，他预见美国股市即将发生暴跌，因而适时卖空股票。1987 年 10 月 19 日，美国股市崩盘，他的卖空操作又获得成功。

罗杰斯表示，根据市场的长期发展趋势，对历史事件进行对照参考分析，就能发现并确定那些影响股票市场的因素和商品市场价格的发展动向。

罗杰斯在哥伦比亚大学教授的"牛市与熊市"课程上，指导学生对过去曾经出现的主要牛市和熊市进行调研，然后让学生思考应该如何提前预测市场的上涨与下跌。当价格暴涨或直线下跌的时候，世界正在发生什么事情，为什么这些事情发挥了催化剂的作用。

罗杰斯认为，回顾历史是一种很有价值的学会如何分析发展趋势的方法，更重要且更具价值的是，它还会教你如何预估未来变化。

在挑选股票上，罗杰斯最关心的不是一个企业在下一季度将有多少盈利，而是社会、经济、政治和军事等宏观因素将对某一工业的命运产生何种影响，行业景气状况将发生何种变化。只要投资者预测准确，而某一股票的市场与这种预见的价格相差甚远，那么这就是最能盈利的股票。因此，罗杰斯一旦发觉某种长期性的政策变化和经济趋势对某个行业有利时，立刻预见该行业行将景气，于是便大量购买该行业里的所有公司的股票。毫无疑问，这才是真正的大手笔、大操作，让人痛快淋漓。

与趋势共舞，顺势而为才能无所不为。这样的事不仅仅发生在外国股市，在中国股市、债市、期市、汇市、楼市，每一天都在上演与趋势共舞。

过去20年，凡是投资买房的人都大赚特赚，中国的楼市在过去20年暴涨了何止20倍。这是买房人特别聪明吗？不是，这是他们抓住了中国楼市暴涨的上升趋势，顺势而为成就了自己的财富梦想，跟个人本身有多大能耐其实关系不大。

财富积累完全来源于经济周期运动的时间给你的机会。投资者所能做的，就是把握周期运动的趋势和拐点，顺势而为。

——中信建投原首席经济学家　周金涛

第二节　对当前市场的认知

子在川上曰："逝者如斯夫！"过去的已经过去，重要的是如何预估未来的变化。现在投资楼市，显然已经错过了最佳时机，那么未来还能投资什么？我们能否和罗杰斯一样预见某种长期性的政策变化和经济趋势将对某个行业十分有利，从而提前布局这个行业的龙头股票？答案是肯定的。

当今的中国面临百年未有之大变局，最大的不寻常，无疑是当前的国际格局重大变动、全球股市震荡、美国的不确定性增强，我们面临的发展机遇和风险挑战前所未有。与此同时，美国对中国相继发动了超大规模的贸易战、科技战和金融战。

在美国人眼中，美国给中国的定位，就是像中兴通讯和工业互联这样的企业实践和代工厂，永远是给美国人当低阶制造商和利润搬运工。而现在中国居然搞出高科技制造计划，在人工智能、通信等领域想领先世界，美国当然要翻脸。

但是中国争夺高科技的主导权，争取高端芯片制造能力和操作系统的自主知识产权，不仅仅关系到中国自身的发展，更是关系到全世界命运的大事，因为中国想的是共建人类命运共同体，走的是全世界和平共赢、共同繁荣发展的路径。

　　关键时刻，中共中央召开了一次很不寻常的会议。2018 年 12 月 19 ~ 21 日召开的 2019 年中央经济工作会议指出："资本市场在金融运行中具有牵一发而动全身的作用，要通过深化改革，打造一个规范、透明、开放、有活力、有韧性的资本市场，提高上市公司质量，完善交易制度，引导更多中长期资金进入，推动在上交所设立科创板并试点注册制尽快落地。"

　　这次真的不一样！！！新华社发文称：中共中央政治局 2019 年 2 月 22 日下午就完善金融服务、防范金融风险举行第十三次集体学习。会议指出："金融是国家重要的核心竞争力，金融安全是国家安全的重要组成部分，金融制度是经济社会发展中重要的基础性制度。""金融活，经济活；金融稳，经济稳。经济兴，金融兴；经济强，金融强。经济是肌体，金融是血脉，两者共生共荣。"

　　这次政治局集体学习，最重要的变化就是，高层对于金融的认知和定位已彻底改变了，包括资本市场！这一次，高层对于金融的认知变成"国家的核心竞争力"，对金融的定位，也变成"经济与金融共生共荣"；认知和定位发生了变化，对整个金融行业的态度就成了"推动我国金融业健康发展"！

如此巨大的变化，意味着未来几年，金融行业必定要迎来大发展，包括中国的资本市场！这才是未来 A 股将彻底走牛的底气！

2019 年 7 月 22 日，A 股科创板正式开板，A 股进入科创新时代。目前中国的经济正处在重要的转型时期，科创板肩负着支持优质科创企业发展的重任，是国家助力经济结构转型、产业升级和技术创新的重大举措。从资本市场角度出发，科创板是主板市场的另一重要补充板块，必将成为中国的"纳斯达克"，其战略价值重大，将给资本市场带来巨大想象空间。

科创板的出世，标志着以地产为支柱产业的时代结束了。新的时代将以科技为导向，抓住高科技，就如同过去 20 年来随时买房一样，10 倍只是梦想的起点。我这年龄的一代人，这次机会应该是最后一次了。错过了 20 年前的买房（1998 年年底开启楼市市场化，到 2017 年楼市最高峰整整 20 年），请不要再错过今后的科创时代，这标志着中国经济正式转型，开启走西方发达国家科技兴国的道路了。目前中国有这样的能力，也有这个基础了。

纳斯达克造就了微软、IBM、苹果、亚马逊、谷歌等伟大企业，中国的阿里巴巴、腾讯、百度甚至中国移动都不能在国内 A 股上市，这是国家永远的痛，让中国的百姓不能分享这些伟大企业成长带来的财富是国人巨大的财富损失。

没有哪一轮牛市在 3000 点就结束，有钱难买牛回头。本轮行情的核心驱动力将是中国的经济结构转型，不再依靠原来的房地产模式，而是要依靠科技创新等引领，也是本轮行情的核心驱动因素。其标志就是 20 年来中国股市最大的改革——科创板的正式开板和注册制改革的顺利推出。

给未来中国的科技企业（大国重器）融资和

定价，重要的任务实际上是由金融来完成的，所以金融特别是非银金融也将是未来行情的核心驱动因素。左手金融，右手科技，这将是未来A股行情的主线，任何时候都不能偏离这个主线，这将是我们未来的核心资产，包括并不限于芯片制造、生物医药、人工智能、航天军工、通信产业以及新能源汽车产业链。

未来十年，我认为将是我们资本市场的黄金十年，是一个核心资产的黄金十年。中国经济正从以前的工业化周期性的大起大落，从"世界工厂"的状态开始转向高质量"科创前沿"的发展阶段。围绕中美贸易谈判而展开的全面加大知识产权保护行动有助于推动中国新一轮以"知识产权保护为内核"的对外开放，新一轮开放有望催化新一轮市场化改革。

从盈利趋势上来说，中国正在走向从"靠天吃饭"到创新制胜、走向全球、赢家通吃，塑造核心资产的世界。中国市场化政策举措的推进，有利于龙头企业竞争力的进一步提升。

巴菲特曾经说过，一个人拿 10 万元做投资，要想成为亿万富翁，那么他一生只需要找到 10 只能翻倍的股票。10 只能翻倍的股票是什么概念？就是 2 的 10 次方 =1024 倍。如果你在 1991 年手持 10 万元的万科 A 直到现在，你的梦想就可以提前实现了。

第三节　钱是"坐" 着赚回来的

只有在市场展现强烈的趋势时才放手进场，追求长线趋势的投资，涨势买进跌势卖出。

——克罗

趋势投资告诉我们，不要逆趋势而动，要顺势而为。水涨船高，水落船低。大盘的牛熊，都是来了以后甚至快走了我们才知道，但是这就够了。顺势而为就是人人死心，交投清淡时我们高度关注。人人犹豫，涨涨跌跌时我们漠不关心。人人关注，价量飞升时我们高度紧张。顺势而为不是跟大家一样操作，而是借助趋势完成我们自己的操作，借助趋势增加我们的确定性。

克罗（1934～1999）是美国著名的期货专家，1960年进入全球金融中心华尔街。他在华尔街33年，一直在期货市场上从事商品期货交易，积累了大量的经验。

他是人类有史以来最牛的期货交易大师，没有之一。他是股票界的"利佛莫尔＋巴菲特"，宏观界的"索罗斯"的集合。他能交易所有的品种，前无古人，后无来者，至今没人能够超越。

克罗认为：成功交易的路只有一条，失败交易的路有千万条。

（1）期货市场就像在非洲的原始森林，最重要的就是求生存，判断趋势错误时立即砍仓出场。

（2）只有在市场展现强烈的趋势时才放手

进场。

（3）入市点：趋势翻转时、盘整突破时、大势反弹或回吐45%～55%时。

（4）趋势分析正确时，金字塔加码。

（5）钱是"坐"着赚回来的，不是靠操作赚来的。

对长期趋势的观察使克罗对市场活动有了一个更平衡全面的了解，他追求的是长线趋势的投资，涨势买进跌势卖出，他对应用技术操作的手段要求十分简单，有时候简单到只用一根均线。他认为一旦方向正确，建仓成本很低，那么就OK，剩下的就没事干，也不要再干任何事，只有用客观的方法判断趋势翻转时才平仓，这就是克罗的精髓。

克罗的座右铭是"KISS"。KISS是"Keep It Simple，Stupid"的缩写，意思就是说：务求简单，简单到不必用大脑的地步，不必迷信复杂的技术分析法。

我非常赞赏克罗关于"钱是'坐'着赚回来

的，不是靠操作赚来的"这个论述，所以专门用一节篇幅来介绍他的操作技巧。无数血的教训告诉散户投资者："在股市操作越勤劳，越致贫。"为什么许多人常常发现在自己手里，好票拿不住，烂票一大把？为什么面对纷繁复杂的资本市场，人们总感觉患得患失，无所适从？原因都只有一个，操作太过频繁才会好票拿不住，患得又患失。

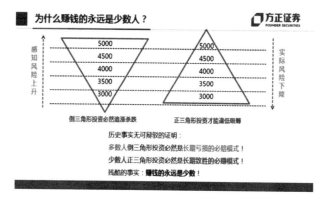

图4-1　金字塔加码

在股票市场，金字塔加码其实就是正三角投资，逢低加码，大盘点位越低仓位加的越重；点位越高加仓越少；到了高位不仅不加仓甚至减仓或空仓。

在股市中赚钱赚四道。第一道是利用人性恐惧，赚公司估值恢复的钱。第二道是利用股票代表公司的所有权，赚公司盈利增长的钱。第三道是利用人性的贪婪，赚公司讲故事吹泡泡估值泡沫的钱。第四道蕴藏在前三道之中，是顺应趋势，赚市场水位上升的钱。如果这四道钱在你每一次下注的时候，都一一认真考虑到了，四道都有很高的确定性了，那么你这次下注会赚钱是非常大概率的事件。至于四道钱赚下来会达到多少幅度，那就不是我们能预知的了。

第四节　6～18～50日均线法则

那些"极具天赋"的华尔街天才，也是一些普通的投资者，只不过他们找到了适合自己的有效的操作方法，并形成了自己的一套操作系统和独特的投资风格。

作为普通的投资者，我们没有趋势大师罗杰斯那样敏锐的洞察力，能够事先通过对长期性的政策变化和经济趋势去预见未来行业的景气度，毕竟连股神巴菲特都称赞他："把握时局大势的能力无人能及。"

同样，作为普通的投资者，我们也没有克罗那样能够运用自己的市场哲学或者投资策略对长线趋势有更平衡全面的了解。但是通过他们认识到趋势投资的重要性，学到一些能够与趋势共舞并适合自己的操作方法，这就足够了。投资大师彼得·林奇就这样告诫投资者，在投资过程中是没有天才的，所谓的投资天才们，无非是他们根据自身的投资经验总结出了适合自己操作的方法，可是这些方法一般的投资者只要能够付出努力和时间的话，一样可以掌握。他觉得，任何方法一般的投资者只要能够付出努力和时间的话，一样可以掌握。他觉得，任何投资才能都是后天的经验积累所得。对此，索罗斯也认为，没有努力就没有天才。

因此，我们还是可以从众多趋势投资大师中学到一些适合普通投资者操作的方法。前面第三章主要讲了"3 个买点"（前低买、指标买和均线买）"2 个卖点"（进阶止盈法和 6 日均线止盈法）。无论是 3 个买点还是 2 个卖点都涉及均线法则。下面我们就一起来探讨 6 ～ 18 ～ 50 日均线法则的使用方法。

一、不同市道的确定

与趋势共舞，首先必须要确定的就是目前的市场处于什么市道（趋势），也就是究竟是上升趋势还是下降趋势还是横盘震荡趋势。一般而言，股票市场有三种市道，即牛市（上升趋势）、熊市（下降趋势）和猴市（也叫震荡市，上蹿下跳，横盘趋势）。

（1）不同市道的确立。

那么，用什么标准来研判大盘市道呢？一般而言，不同的投资属性研判大盘牛熊的标准完全不同。根据多年的实战经验，我们认为稳健型的投资者一般可以用 50 日均线来研判大盘的市道，如图 4-1、4-2 和 4-3 所示。

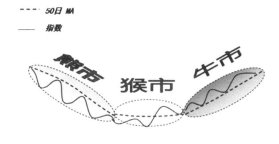

图4-1　依靠50日均线来确定牛市、熊市和猴市

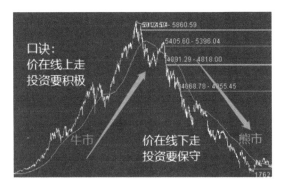

图4-2　依靠50日均线来确定牛市和熊市

价在线上走，投资要积极，这是牛市的特征；价在线下走，投资要保守，这是熊市的特征；一会儿在线上，一会儿在线下，这是猴市（上蹿下

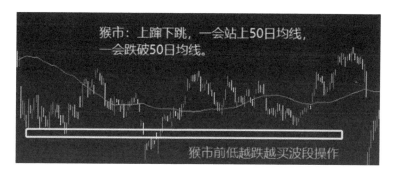

图4-3　依靠50日均线来确定猴市（震荡市）

跳）的特征。

（2）操作要领。

普通投资者可以积极参与牛市的投资，远离熊市的投资，在猴市震荡期间则选择波段操作。猴市波段操作是指在震荡市中，大盘运行到50日均线下方前低位置时，可以考虑半仓参与博反弹，待大盘运行到50日均线上方后选择高抛获利了结，然后又等待下一次机会。

参与不同市道的口诀是："价在线上走，投资要积极；价在线下走，投资要保守。"

猴市只能波段操作，在前低附近可以参与市场的反弹并在不跌破前低的趋势下可以持股待涨。

二、均线法则原始三要素：量、价、趋势

量，就是成交量。在均线法则原始三要素中，缩量是最可靠的。缩量下跌到一定程度，基本上底部就确立了。说它可靠，是因为放量有可能是庄家对倒，但是缩量基本上就是投资者都不想卖出了，属于即将见底信号。一般而言，缩量下跌可抄底；缩量上涨要高抛；放量上涨可持有，放量下跌要观望。当然量价关系远没有这么简单，在这里不再赘述。

价，就是 K 线，由开盘价、收盘价、最高价和最低价组成。

趋势，就是我们常说的均线，比如 6 日均线就是 6 个交易日的收盘价的算术平均价。因此，均线是一种价格，是不同价格形成的趋势线。虽然它是一条趋势线，但它代表的是股票的价格趋势。

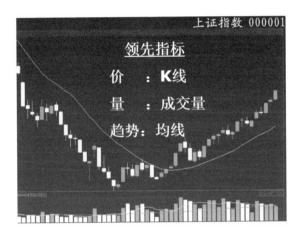

图4-4　均线法则的原始三要素：量、价和趋势

三、6～18～50日均线法则

一般而言，我们用6日均线代表短线买，18日均线代表中线买，50日均线代表长线买。

下面我们用18日均线举例。

（1）机会条件。

当股价下跌一段后，且当日收盘价站上18日均价之上，且18日均线由走空转走平或走多。

（2）优化条件。

股价6日均量大于36日均量，且大盘指数18

日均线走平或走多。

均线法则学习的重点：机会、风险、加码、出逃

2019年7月15日蓝思科技股价跌到6.31元前低附近，7月24日一根大阳线收盘站上18日均价6.84元，且18日均线开始由走空转走多，这个时候就是机会点到了。此后每次回踩18日均线都是加仓机会点（加码），直到11月22日18日均线再次走空，这个时候就开始出现风险了。至于是否卖出，根据前面学过的2个卖点操作即可。

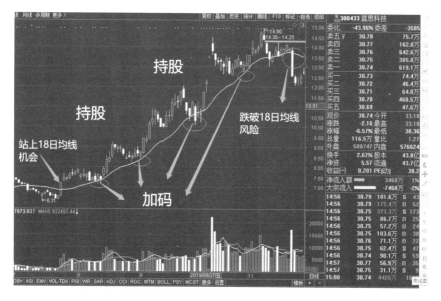

图4-5　蓝思科技的18日均线买

2019 年 12 月 3 日，上海新阳股价重新站上 18 日均价 22.94 元之上，且 18 日均线开始由走空转走多，这个时候就是机会点到了。此后每次回踩 18 日均线都是加仓机会点（加码），直到 2020 年 3 月 5 日上海新阳的 18 日均线再次走空，这个时候就开始出现风险了。此后每次站上或接近 18 日均线都是出逃机会点，因为此后大部分时间上海新阳 18 日均线都在走空。

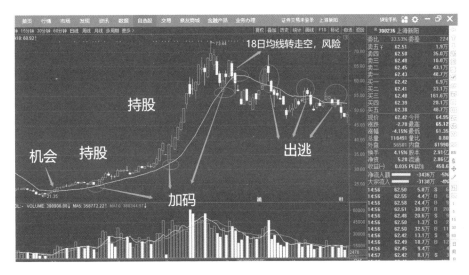

图4-6　上海新阳的18日均线买

（3）均线买注意事项。

短线：一般强势领涨股是沿 6 日均线强势领

涨，一旦6日均线走平或走空，短线必须立即止盈。

中线：稳健股一般是沿18日均线稳健上涨，一般第一次回踩18日均线是加仓机会点；一旦6日均线走平或走空，要注意随时止盈。

长线：一般是沿50日均线缓慢上涨，一般第一次回踩50日均线无论大盘还是个股均是"均线回踩，坚决购买"，但要记住一旦跌破50日均线，没有重新站上6日或18日均线之前，只能指标买，前低买。依旧是一旦6日均线走平或走空，要注意随时止盈。

6~18~50日均线法则，不仅仅适用于个股，其实对于大盘指数也是同样适用，而且任何一个国家的股市都同样适用，比如道指、纳指、标普500等均是如此。

2020年4月7日，创业板指数再次站上18日均线1914.75点，4月13日创业板指数首次回踩18日均线1910.86点（详见图4-7所示），这个时候及此后只要创业板指数18日均线走多，每次回踩18日均线都是加仓创业板指基的机会点；即使

跌破 18 日均线，只要不跌破 50 日均线，同样可
以继续持股待涨。而且第一次回踩 50 日均线，也
是加仓的机会点。此后，创业板指数一直完美地
沿着 6 日均线上涨，只要不跌破 6 日均线，均可
一直持股待涨。

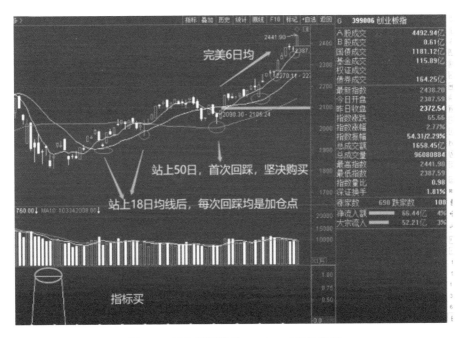

图4-7　创业板指数的6 ~ 18 ~ 50日均线买

　　道指在美国新冠肺炎疫情暴跌后重新站上 50
日均线，每次回踩 50 日均线都是加仓机会点。

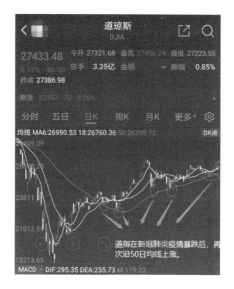

图4-8 道琼斯2020年2～8月6～18～50日均线走势图

纳指在新冠肺炎疫情大跌后沿18日均线完美

上涨，并迭创历史新高。

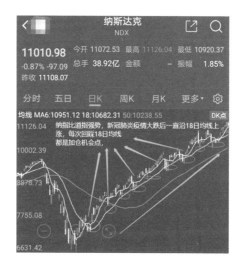

图4-9 纳斯达克2020年2～8月6～18～50日均线走势图

标普500在新冠肺炎疫情大跌前后都是沿50日均线完美上涨，每次回踩50日均线都是加仓机会点。

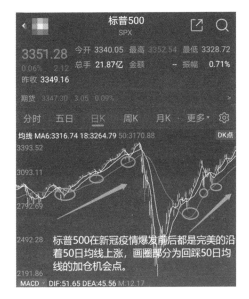

图4-10　标普500指数2020年2～8月6～18～50日均线走势图

四、均线回踩　坚决购买

6日、18日和50日均线都会回踩，但是6日均线回踩一般用作短线强势股的交易，持股时间一般不会超过一周，再长一般也不超过一个月，除非是牛市另当别论；18日均线回踩可以作为中长线交易，但"均线回踩，坚决购买"中，最经典和最安全可靠的还是50日均线第一次回踩，其盈利的准确率在90%以上。下面是部分"均线回踩，坚决购买"的实战例子。

2019年2月1日，通产丽星站上50日均线后的首次50日均线回踩属于"均线回踩，坚决购买"的标准机会点。

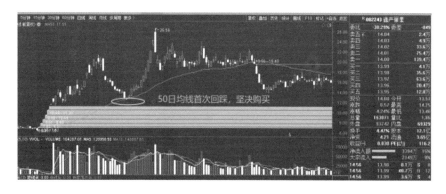

图4-11　通产丽星2018年4月～2019年5月50日均线走势图

2018年11月30日、2019年1月30日、2019年3月26日春兴精工连续3次的50日均线回踩，都是坚决购买的机会点。

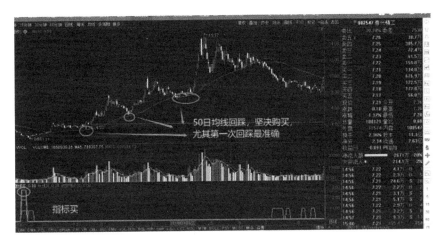

图4-12 春光精工2018年10月～2019年8月的50日均线走势图

2019年10月21日和2019年12月2日四方
精创连续两次50日均线回踩，尤其第一次50日
均线回踩属于"均线回踩，坚决购买"的机会点。

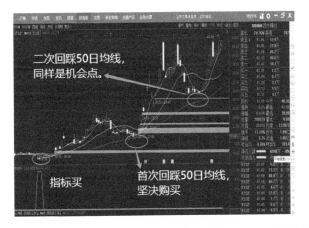

图4-13 四方精创2019年8月～2020年3月的6～18～50日均线
走势图

2019 年 9 月 18 日、10 月 16 日、11 月 18 日、12 月 10 日以及 2020 年 2 月 4 日天齐锂业的 5 次 50 日均线回踩，都是加仓机会点。

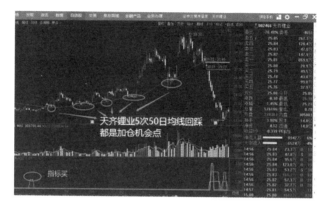

图4-14 天齐锂业2019年8月～2020年4月的50日均线走势图

五、6 日均线止盈法

（1）风险条件（卖出条件）。

当股价上涨一段时间后，连续两日收盘价跌破 6 日均价之下，且 6 日均线走平或走空。

（2）永远记住。

机会点一旦错过千万不要追高，因为股市只要不关，有的是机会；买入后一旦获利，成本价永远是最后的止盈价。

　　同样的天齐锂业，一个在低位回踩50日均线为加仓机会点；一个在高位，6日均线开始走空，不参与高位调整，获利了结，结果2次高抛机会之后就迎来的是大跌。可见个股大涨后，尤其在高位的时候，6日均线一旦走空，必须及时止盈，否则后果就是盈利一场空不说还可能被深套其中，天齐锂业就是最好的例证之一。

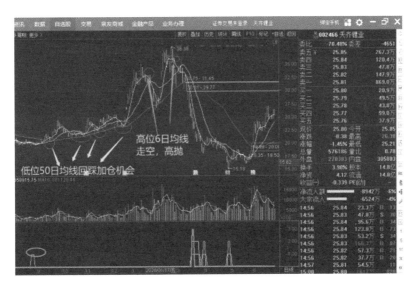

图4-15　天齐锂业的6日均线止盈法

牛市是人都会赚钱，多少不论，高手高在熊市不亏钱，大部分人牛市获得的只是账面符号，小部分人可以通过回避风险把符号变成现金。

第五节 利用均线法则
巧抓牛回头

千金难买牛回头。

股市中最高效的获利方式是骑住明星股、人气股、龙头股，甚至妖股，强者恒强，而这样的大牛股往往不止一波，牛低头喝水后，往往还会再起一波，新一波的上涨幅度有时候比第一波还要涨得更快速更猛烈。

下面就来分享如何利用均线法则巧抓牛回头个股，捕捉黑马股。一般而言，普通投资者抓到牛股的概率不足 0.1%，但是抓到牛回头的概率则是 80%。

　　短时间出现牛股暴涨往往依赖某些事件驱动或者发生某种预期，引发投资热点。在事件或某种预期发生前，几乎没有人能够未卜先知，预知未来，因此事先就潜伏其中的概率并不大。等到事件发生，股价天天一字板涨停或者打开涨停时已经上涨超过50%甚至更多，追还是不追都是两难问题。比如，设立"雄安新区""上海自贸港""设立科创板""孟晚舟事件""新冠肺炎疫情事件"，在事件发生前几乎没有人知道。

　　学会均线法则之后，第一时间抓不到牛股没关系，但是我们可以很容易就利用6～18～50日均线法则巧妙抓到牛回头个股。

　　所谓"牛回头"，就是指主力资金在大幅拉升后由于短期获利丰厚，股票抛盘增多，需要通过打压股价来达到洗盘目的，为继续拉升股价或出货做准备，从而给了抄底资金一个机会点（买点）。

　　下面我们从"A股设立科创板""孟晚舟事件""新冠肺炎疫情事件"驱动中看如何巧妙抓住牛回头个股。

　　2018年11月5日，首届中国国际进口博览会在上海举行，习近平主席在开幕式上宣布将在上海证券交易所设立科创板并试点注册制，支持上海国际金融中心和科技创新中心建设。消息发布瞬间创投概念掀起涨停潮，此后龙头个股创投三剑客——张江高科、鲁信创投和市北高新，更是连续一字板涨停，等到投资者反应过来它们的股价已经上涨1～2倍。上涨过程很纠结，到底追还是不追？追则害怕成为接盘侠，不追又非常不甘心，怎么办？

　　学会6～18～50日均线法则之后，我们都知道龙头强势个股一般都是沿着6日均线强势上涨，一般早盘低开甚至高开不多，就是第一时间用略高于6日均线价格追进龙头个股的最佳机会。但是用6日均价追涨第一波牛股也有很大的风险，那就是不知道未来行情有多大，个股究竟能涨多高？如果感觉行情很大，可以第一时间追涨；如果心里没底，那么最佳战法就是利用50日均线法则的"均线回踩，坚决购买"。一般牛回头第一次回踩50日均线都可以"均线回踩，坚决购买"，

但同时也要记住一旦跌破 50 日均线，没有重新站

上 6 日均线或 18 日均线之前，只能指标买，前低买。

下面我们来看如何利用 50 日均线法则巧抓创

投三剑客张江高科、鲁信创投和市北高新的实战

案例。

2018 年 12 月 24 日张江高科在大幅拉升后首

次回踩 50 日均线，投资者利用 50 日均线回踩，

可以巧抓张江高科牛回头，完美享受第二波拉升

（见图 4-16 ）。

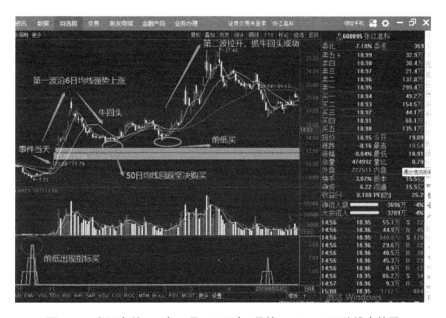

图4-16　张江高科2018年10月 ~ 2019年8月的6 ~ 18 ~ 50日均线走势图

2018 年 12 月 14 日鲁信创投在大幅拉升后首次回踩 50 日均线，投资者可利用 50 日均线回踩，巧抓鲁信创投的牛回头，完美享受第二波拉升，巧抓牛回头成功（见图 4-17）。

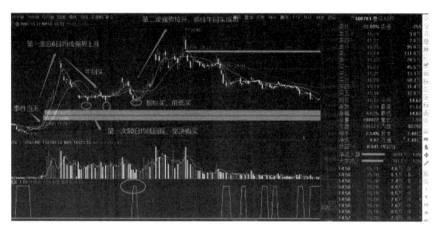

图4-17　鲁信创投2018年10月～2019年8月的6～18～50日均线走势图

2019 年 1 月 4 日市北高新股价在大幅拉升后首次回踩 50 日均线，投资者可利用 50 日均线回踩，巧抓市北高新的牛回头，享受市北高新的第二波拉升，巧抓牛回头成功（见图 4-18）。

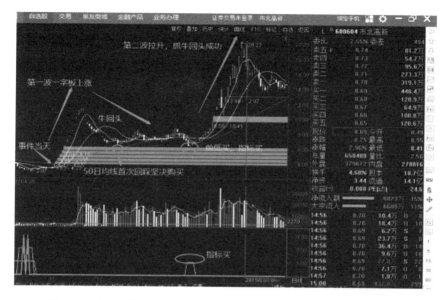

图4-18　市北高新2018年10月～2019年8月的6～18～50日均线走势图

下面我们再来看一看用50日均线法则巧抓"孟晚舟事件"引爆5G妖股东方通信和东信和平的牛回头战法。

2019年1月31日，东信和平在第一波沿6日均线强势拉升后，第一次回踩50日均线。投资者可利用50日均线回踩，巧抓东信和平的牛回头，第二波走势比第一波飙升更快速更猛烈，涨幅也更巨大（见图4-19）。

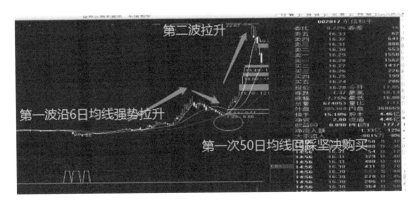

图4-19 东信和平2018年10月~2019年4月的6~18~50日均线走势图

2019 年 2 月 1 日，东方通信在第一波沿 6 日均线拉升后，首次回踩 50 日均线，投资者可利用 50日均线回踩，巧抓东方通信的牛回头，第二波走势同样比第一波飙升更快速更猛烈，涨幅也更巨大，最终在半年时间内涨幅达到 10 倍（见图 4-20）。

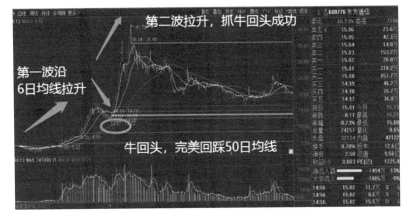

图4-20 东方通信2018年10月~2019年4月的6~18~50日均线走势图

最后，我们再来看用50日均线法则巧抓"新冠肺炎疫情"概念股的牛回头战法，这样的例子不胜枚举，比如，国药股份（疫苗）、以岭药业（莲花清瘟）、红日药业（血必净）、国恩股份（医护），等等。

2020年5月18日，国药股份股价沿6日均线第一波拉升后，首次回踩50日均线，并短线跌破50日均线。投资者可利用50日均线回踩，巧抓国药股份的牛回头（见图4-21）。

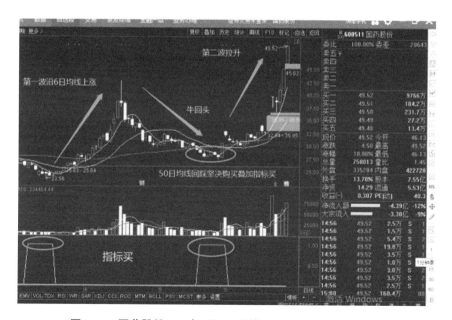

图4-21　国药股份2020年2月～7月的6～18～50日均线走势图

2020 年 3 月 10 日以岭药业第一波沿 6 日均线
上涨近 1 倍后开始回调并首次回踩 50 日均线，投
资者可利用 50 日均线回踩，巧抓以岭药业的牛
回头（见图 4-22）。

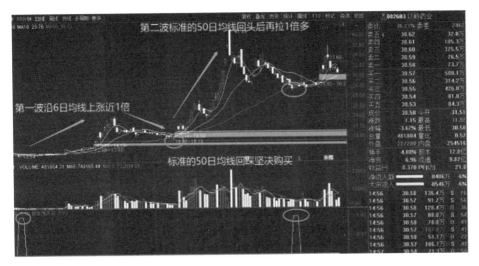

图4-22 以岭药业2019年12月～2020年6月的6～18～50日均线走势图

2020 年 3 月 13 日，红日药业回踩 50 日均线，
投资者可利用 50 日均线回踩，巧抓红日药业的牛
回头（见图 4-23）。

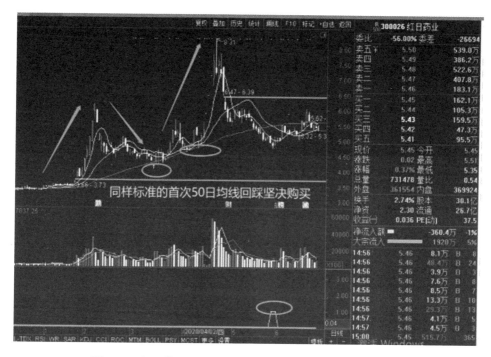

图4-23 红日药业2020年1月～6月的6～18～50日均线走势图

2020年3月24日，国恩股份在连续涨停后开始回调并首次回踩50日均线，投资者可利用50日均线回踩，巧抓国恩股份的牛回头（见图4-24）。

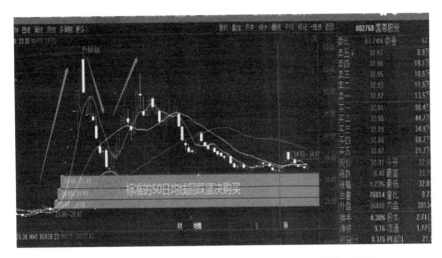

图4-24 国恩股份2020年2月～6月6～18～50日均线走势图

牛回头这样的例子真的是太多了，几乎90%的牛股都会有第二波行情，都会有牛回头走势。笔者的均线法则巧抓牛回头的做法跟很多人不同，笔者一般不建议抓第一波牛股，因为很难，没有那么高的成功率。但我们可以等牛股第一波走完，做第二波，这个成功率高，且安全，不用追涨，利用50日均线回踩，坚决购买，能清楚地知道大致牛股第一波走完后能大致回调到什么位置，根本不用追涨，全都是妥妥的低吸，更重要的是我们每个人都可以很容易就选出已经走出上涨趋势的牛股，这样每个人都可以轻松掌握这种方法，耐心等待回踩低吸即可。

一、牛回头战法的五大要素

（1）走牛：牛回头，必须曾经是牛股、龙头、黑马、妖股等，走牛时间越近越好。

（2）充分调整：第一波行情结束后，要经历充分的调整。这个充分分两层，一个是回调时间越短越好，另一个是回调幅度必须够大。

（3）企稳：要有一定的企稳走势或者明显的企稳信号。

（4）缩量：调整的好坏，除了空间，还有量，庄家洗盘洗的散户都走得差不多了，也就缩量了。

（5）信号阳线：当大起大落之后，市场归于平静，空方最后的动力耗尽，只需要一个小阳线，就能宣告多方的反攻。

牛回头五要素中最关键的是要经历充分调整，不能刚刚开始下跌就冲进去，这样做成接盘侠的概率非常大。一般而言，回调到 50 日均线基本上回调就非常充分了，这是我们利用 50 日均线回踩能够巧妙捕捉到牛回头的重要原因。

二、牛回头的六个基本形态

（1）个股经过第一波大幅拉升后，回调企稳再度翻身向上往往是绝佳的二次低吸机会。

（2）拉升过程中，量能持续有效放大，但也不能是高位放巨量的那种形态。高位放巨量一般是主力最后的出货阶段了，这样的牛回头形态必须要规避。

（3）回调时间越短越好，回调幅度越大越好。一般而言，牛股走牛后，如果第一波上涨后回调跌不下去，那么第二波也就很难涨得上去，顶多成为高位横盘形态，很难形成第二波拉升态势。

（4）牛回头股票在回调过程中，如在关键支撑位或重要均线附近止跌，尤其是在 50 日均线附近止跌，则可靠性加大，可以坚决二次跟进，享受第二波拉升。

（5）如果一只强势股出现牛回头的原因是由于大盘的大幅度下跌或者是别的利空导致，这类强势股的可操作性会很好，后期再度拉升的概率很大。

（6）有题材或者事件驱动支持股价持续上涨，并符合当前市场热点的概念尤佳。比如，2020年年初发生的新冠肺炎疫情，那么有新冠肺炎疫苗概念的牛股如果出现大幅度的回调，将是绝佳的捕捉牛回头的良机。

要养成良好的投资习惯，市场看不明白时要空仓。因为历史总是惊人的相似，投资者永远逃脱不了那"一赚二平七个亏"的魔咒，退潮后才知道谁在裸泳。

第六节　利用均线法则实现滚动操作

　　滚动操作的意义在于能够使资金在股市中得到充分的使用，发挥其最大的价值，像滚雪球一样，使资金越滚越大，实现时间、空间、利益三协同的状态。

　　所谓滚动操作法，简言之，就是用价值投资选股法通过对目标股的基本面、技术面等进行综合分析后，利用三个买点（前低买、指标买和均线买）先一次性或分批建好基础底仓。一般基础底仓仓位管理为 30% ~ 50% 的仓位，请千万记住不能融资建基础底仓。

　　建好基础底仓后不要轻易加仓，因为你不知

道该股什么时候启动进入上升趋势。如果横盘时间很长，轻易加仓就会增加时间成本。只有当基础底仓个股明显进入上升趋势并且成交量逐渐放大后，方可按照 6 ～ 18 ～ 50 日均线法则加仓，也就是回踩 6 ～ 18 ～ 50 日均线逐渐加仓 30% ～ 50%，加大持仓的比重至 60% 甚至 100%，持币则减少。

随后当个股上涨远离 6 ～ 18 ～ 50 日均线时，则逐渐逢高减持加仓部分，持仓比重随之下降到基础底仓仓位（30% ～ 50%），持币则随之增加。底仓滚动操作法的关键思路就是除非个股基本面出现严重问题，否则基础底仓（30% ～ 50%）坚决不动，而机动仓（30% ～ 50%）要反复进行波段运作。

（1）滚动操作法技巧。

加仓部分的利润要及时卖，强势股回档要及时买，严格按照 6 ～ 18 ～ 50 日均线法则加仓，并牢记两个卖点（止盈点）。滚动操作法之核心是获利。不获利则无法滚动，变成了频繁买进卖出，犯下炒股之大忌。

滚动操作的核心是一次只做一只股票，坚持底仓不动，加仓部分不跌不买，不涨不卖，但涨起来要真卖，也就是不获利，不滚动。

滚动操作法的前提是必须在股票有价值的时候建好30%～50%的基础底仓（计划你的交易），然后逢低加仓30%～50%，逢高把加仓部分出掉（交易你的计划）。

滚动操作和T+0操作有不同之处，不能混淆。T+0主要是在单一股票当日内的振幅较大时，才有操作价值，用来降低交易成本和增加做差价的收益。而滚动操作是以波段操作为主，一般会持股几天甚至1～3个月。T+0的技术要求比较高，而且交易成本控制非常重要。当日操作可以是1次或者多次。

滚动操作实战案例：我武生物（回踩18日均线加仓）、华胜天成（回踩50日均线加仓）。

2020年2月4日和3月17日我武生物两次出现指标买，同时股价也刚好在前低附近，这是一

个强烈的低吸抄底信号，可以根据指标买和前低
买建立 30% ～ 50% 的基础底仓。建立基础底仓后
不要盲目加仓，而是要等到我武生物 18 日均线走
多后，按照 18 日"均线回踩，坚决购买"的法则
加仓，然后在股价远离 18 日均线的时候高抛加仓
部分。加仓部分反复操作而底仓则一直不动，直
到达成目标收益即可出清（见图 4-25）。

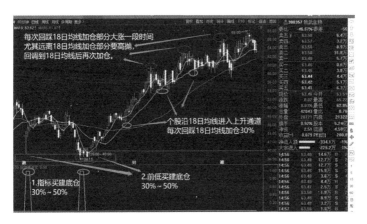

图4-25　滚动操作法之我武生物实战案例

　　华胜天成再次站上 50 日均线后一直沿着 50
日均线上涨，每次回踩 50 日均线都是加仓机会点，
每次远离 50 日均线都是加仓部分高抛卖出的风
险点（见图 4-26）。

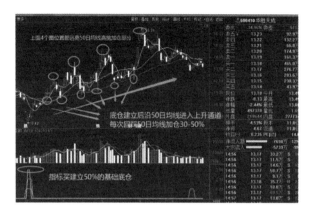

图4-26　滚动操作法之华胜天成实战案例

　　应流股份再次站上 50 日均线后同样是一直沿着 18 日均线上涨，每次回踩 18 日均线都是加仓机会点，每次远离 18 日均线都是加仓部分高抛卖出的风险点。反复滚动操作，即可实现让利润飞奔的目标（见图 4-27）。

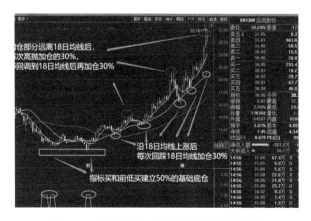

图4-27　滚动操作法之应流股份实战案例

这样的例子也比比皆是，滚动操作的核心是要熟悉 6 ~ 18 ~ 50 日均线法则，把握好加码和高抛（出逃）。只要投资者坚持使用，一定可以很快就熟练掌握。6 ~ 18 ~ 50 日均线中的均线不是线而是价格，因此回调到什么价格可以加仓一目了然。

（2）重要说明。

滚动操作为何只建立 30% ~ 50% 的基础底仓？如果在底部一次性满仓是不是成本更低，效果更好呢？这个其实是一个误区，说起来容易，操作起来很难。因为即使出现指标买或者前低买，但在买进的那一刻，投资者是很难知道这就是最低点的。万一不是最低点，那岂不是满仓被套了吗？底部，是后面的上升趋势走出来后才确立的，而不是一开始就明了，因此炒股切记不能动不动一上来就满仓。因为一旦满仓被套就根本滚动不起来了，这是炒股的大忌。

投资物语

　　很多人认为学交易就是学技术，我认为学习交易的过程，其实是人性升华的过程。如果你的思想境界没有提高，永远进入不了高手的行列。

——克罗

第五章

知行合一：你与股神之间的距离

耐心等待市场真正完美的趋势，不要先入为主，做预测性介入。资金在等到恰当的时候进入市场才能赚到钱——耐心，耐心，再耐心，只有耐心才是成功的关键，千万不要着急。

——杰西·利弗摩尔

第一节　股市之道 & 交易之道

市场最坏的时候才是投资最好的时候，这是股市之道；那么，什么是交易之道呢？

笔者觉得克罗认为钱是"坐"着赚回来的，不是靠操作赚来的，这才是真正的交易之道。没有不赚钱的股票，只有不赚钱的操作，看对不赚钱，做对才盈利。

罗杰斯也曾经说过，成功的投资家的做事方法通常就是什么都不做，一直等到你看到钱就在那里摆着，就在墙角那里，你唯一要做的事情就是走过去把钱拾起来。

很多年前读过一本叫作《大投机家的证券心理学》的书，作者是德烈·科斯托拉尼，他被称为"欧洲的巴菲特"。他对散户投资者最著名的建议就是到药店买安眠药吃，然后买下各种绩优股，睡上几年，再从睡梦中醒来，最后必将惊喜连连。这当然是笑话，但是同样印证了钱是"坐"着赚回来的，不是靠操作赚回来的说法。

本书中多次提到的股神巴菲特、投机大师索罗斯、趋势大师罗杰斯以及林奇、利弗摩尔和克罗等这些"极具天赋"的华尔街天才，其实一开始也是一些普普通通的投资者，只不过他们找到了适合自己的有效而简单的操作方法，并完整的形成了自己的一整套操作系统和独特的投资风格。

按照笔者多年投资者教育经验总结出来的三个机会点（前低买、指标买和均线买）和两个风险点（进阶止盈法和6日均线止盈法）进行操作，一般来说投资者被套的可能性极低。但是投资者很难有耐心等待市场出现这三个机会点的时候才参与交易，而真正出现机会点的时候早已经满仓被套。

笔者认为普通散户投资者与华尔街天才之间

的距离其实只差这四个字——"知行合一"。知易行难，只有知道并做到，散户投资者才能像华尔街的天才一样投资成功，成为下一个亿万富翁，实现真正财务自由。

正如杰西·利弗摩尔所说，投资者最大的敌人不是市场，不是别的其他，而是投资者自己。90%的股民患有"狂想症"和交易强迫症，一天不交易就浑身难受，虽然自己也知道这样不好，但是就是改正不了。其症状主要表现在炒股时机的把握上，不是逢回调低点建仓，而是偏好激进、追涨。跌破低点时，恐惧不敢买，涨起来时又开始狂想，越涨越狂想，越狂想越敢追，总是主观认为跌无可跌，宁愿被套，也不愿踏空。品种选择也一样，底部潜伏的，嫌太呆，不要。开始启动的，心里没底，也不买。但涨了又涨，翻了又翻，甚至已有七个八个十几几十个涨停板时，又开始狂想起来，一狂想又买在了天花板上。

这些病因主要是心态不正，过于投机，患得患失。一心想赚快钱，不愿耐心守候，有的还美其名曰"做趋势的朋友"，却忘了趋势也是活的，掉起头来也很快。医治处方是多修炼心性，多学古人的智慧，多学大妈"买菜经"，股票也要"反季买"，并以播种的心态去期待来年的丰收。

市场是一所永远无法毕业的学校，要时刻保持谦虚谨慎，戒骄戒躁的心态，保持一颗平常心，做一个平凡的人。对市场要永怀敬畏之心，屈服于市场之下，映射它，追随它，"唯有惶者才能生存"。行情不是一天准备好的，也不是一天就能走完的。

第二节　谋定而后动
知止而有得

孙子曰："兵者，国之大事也。死生之地，存亡之道，不可不察也。"对于一个国家来说，战争是国家的头等大事，关系到军民的生死，国家的存亡，是不能不慎重周密地观察、分析、研究的。

炒股的决策如同作战用兵，同样必须做到三思而后行，从而实现"未战而庙算胜"。所谓"未战而庙算胜"就是当你在决定买进股票的那一刻，你就应该确保未来一定是盈利的，否则就不要采取任何行动。

孙子兵法云："谋定而后动，知止而有得。"意思是谋划准确周到而后行动，知道在合适的时机收手，才会有收获。

一、如何谋定

要观其局，取其势。要有大局观，知道股市处于什么市道，懂得与趋势共舞，与股共舞，与庄共舞。

二、如何知止

（1）有所不为才能有所为；行动多并不一定

就效果好。有时什么也不做，就是一种最好的选择。

（2）市场看不懂的时候要知进退，学会空仓。

（3）做错的时候要敢于认错，严格按照进阶法止盈止损，毫不留情。

只有这样才能在股市游刃有余、全身而退，最终有所得。

三、投资成功前提

（1）我们都是凡人，我们必将不断犯错。

（2）投资的核心原理早已稳定，我们要做的不是创新，而是理解并坚决执行。

四、赢家铁律

（1）不要和大盘争辩。这个铁律主要是指趋势的问题，一旦市场由牛转熊了，要尽量减少操作，如果这个时候逆势做股票的话很大概率会赔钱，这个是必须要坚持的。

（2）要学会独立思考，这样对于每一个成熟的投资者是必过的一门功课，不要听别人说什么，你要有自己的投资逻辑、投资理念。

（3）通常强调的，不要听信消息，这个是散户常犯的错误。无数血泪史告诉我们，消息不会让你赚大钱，只会让你赔大钱，一定要有自己判断的能力，不要盲目的听信消息。

（4）择时比选股更重要，这个是跟第一条对应而来的。就是说在你买股票之前一定要先研判好市道，也就是所谓的把大市判断清楚。如果你确定是牛市才涉及选股的问题，如果现在是熊市就不涉及选股的问题，这就是书中所说的择时比选股其实更重要。

（5）在股票操作中，买入的股票一定要是强势股，重势不重价。股价高而指标低的股票比股价低而指标高的股票要安全得多，趋势是我们永远的朋友和依据。

（6）持股不要过于分散，严格意义上讲，对于普通散户投资者来说同时持有股票的上限最好不要超过 3 只。当你持有股票多的时候就会带来负面反应，没有时间去盯住和研究你买的一大堆股票，这样你操作的时候就会精力不集中，而且资金容易分散，而本来散户的资金就比较有限，更没有必要把这个股票池子放得太大，同一时间操作 3 只股票就足够多了，而最好是一只一只的做。

（7）学会经常空仓：在大盘接近顶部时空仓；在大盘处于下跌通道时空仓；在没有把握时空仓；在获取暴利了结后至少空仓一段时间；大幅爆炒过的股票短时间内不再参与。

股市赚钱的唯一法则：低买高卖。

学会像庄家一样思考：与股共舞，与趋势共舞，与庄共舞。

股市 16 字诀："观其局，取其势""谋定而后动，知止而有得"。

附　录

根据价值投资选股原则，笔者觉得可以长线跟踪以下这些股票，只要这些股票的基本面没有发生重大改变，均可按照"三个买点"&"两个卖点"进行中长线布局和波段操作。

贵州茅台、五粮液、山西汾酒、云南白药、长春高新、泰格医药、健帆生物、康泰生物、凯莱英、药石科技、康希诺-U 安科生物、恒瑞医药、欧普康视、爱尔眼科、通策医疗、正海生物、乐普医疗、安图生物、康华生物、万泰生物、智飞生物、迈瑞医疗、药明康德、我武生物、国盾量子、中芯国际、安集科技、沪硅产业、中微公司、兆易创新、北方华创、蓝思科技、闻泰科技、三安光电、信维通信、立讯精密、歌尔股份、沪电股份、生益科技等。

市场不缺聪明人，缺的是"笨"的人，是大智若愚的愚。很多特别聪明的人，往往会成为这个市场的牺牲品，在这个市场，就是"剩者为王"。尤其我们做价值投资或者是做投资靠复利增长的人，就两个因素：第一个不亏钱；第二个活得长。

——睿远基金　陈光明

投资人最后比的是品质和心性，企业家最后比的是品质和格局观。

——高瓴资本张磊对话高毅、邱国鹭

后记

自信、坚定、简单、专注

如果你爱一个人，请送他去股市，因为那里是天堂；如果你恨一个人，也请送他去股市，因为那里是地狱！

这是一个伟大的时代，这是一个不完美的时代，但是无论怎样，都是值得我们去努力奋斗的时代。

2020年正好是我国资本市场建立30周年。三十而立，我们用三十年的时间差不多走过了西方国家上百年的发展历程。弹指一挥间，中国资本市场取得了跨越式的发展，这充分体现了党和国家对中国资本市场的高度重视以及后发优势。正如证监会原主席肖钢所言："党中央从来没有像现在这样重视资本市场。"

党的十八大以来，习近平总书记对我国资本市场的改革和发展作出了一系列部署和要求，这一切都给我国资本市场的改革和发展指明了方向。

2018年12月召开的中央经济工作会议指出："资本市场在金融运行中具有牵一发而动全身的作用，要通过深化改革，打造一个规范、透明、开放、有活力、有韧性的资本市场，提高上市公司质量，完善交易制度，引导更多中长期资金进入，推动在上交所设立科创板并试点注册制尽快落地。"

2019年2月22日中共中央政治局集体学习指出："金融是国家重要的核心竞争力，金融安全是国家安全的重要组成部分，金融制度是经济社会发展中重要的基础性制度。""金融活，经济活；金融稳，经济稳。经济兴，金融兴；经济强，金融强。经济是肌体，金融是血脉，两者共生共荣。"这次政治局集体学习，最重要的变化就是：高层对于金融的认知和定位彻底的变了，进一步明确了资本市场将是我国实现社会主义现代化强国目标的重要推动力量。

2019 年 7 月 22 日首批注册制科创板正式上市交易；2020 年 7 月 27 日首批新三板精选层上市交易；2020 年 8 月 4 日，首批注册制创业板开始打新。这一切都预示着中国按下了资本市场改革和创新的"快进键"，一场前所未有的资本市场改革与创新的新举措向投资者扑面而来。毫无疑问，这些密集出台的新举措将会给 1.6 亿股民及他们的家人在生活与投资方面带来深远的影响。

股市的投资与投机永远相伴相生，就像散户和庄家一样，谁也离不开谁，离开谁股市都会变味。正如杰西·利弗莫尔所言："华尔街没有新鲜事。华尔街不可能有新鲜事，因为投机就像山岳那么古老。股市今天发生的事情以前发生过，以后会再度发生。因为人的本性是从来不会改变的。"

人类对于资本的投机和一夜暴富的渴望由来已久，当股市泡沫产生时，人们往往不是去努力认清事实与本质，而是寻找各种理由来编织自己的梦幻世界。从 17 世纪的郁金香泡沫到 21 世纪初叶的互联网泡沫，无不如此。虽然大家都知道这是一场击鼓传花似的游戏，但谁都认为自己不会是那个最后的持花者。

深交所的一份投资者报告指出，过半投资者不满 30 岁，追涨型远多于抄底型。从投资盈亏原因看，投资亏损与投资者的经验、知识与研究不足、非理性行为密切相关。

深交所进一步对比分析不同盈利状况的个人投资者行为发现，亏钱的股民发生频繁交易和处置效应（指个人投资者拿不住盈利股票而长期持有亏损股票的现象）行为更多，且很少阅读上市公司公告及金融机构研究报告，系统学习股票投资方面的专业知识就更少了，很多时候他们炒股都是"听信传言、听人荐股"。

十年磨一剑，今天终于撰写完这本《投资物

语：耐住寂寞 守住繁华》，希望能对普通投资者有所帮助。其实，书中很多投资理念，投资者自己心里也十分明白，最最重要的还是知易行难，普通投资者很难做到知行合一。无论怎样，自信、坚定、简单和专注是投资成功的法宝。在此衷心祝愿投资者朋友们坚定信心，修炼意志，勤于实践，专心打造属于自己的核心资产，争取早日实现真正的财务自由。

2020 年 8 月 9 日

于北京